斑斓资本

——从业札记：见证中国资本市场变迁

方志国　编著

企业管理出版社

图书在版编目（CIP）数据

斑斓资本：从业札记：见证中国资本市场变迁/方国志著．—北京：企业管理出版社，2014.2

ISBN 978 - 7 - 5164 - 0694 - 6

Ⅰ．①斑…　Ⅱ．①方…　Ⅲ．①资本市场 - 研究 - 中国　Ⅳ．①F832.5

中国版本图书馆 CIP 数据核字（2014）第 018886 号

书　　　名：斑斓资本——从业札记：见证中国资本市场变迁
作　　　者：方国志　著
责任编辑：王秋菊
本书策划：闫书会
书　　　号：ISBN 978 - 7 - 5164 - 0694 - 6
出版发行：企业管理出版社
地　　　址：北京市海淀区紫竹院南路 17 号　邮编：100048
网　　　址：http：//www. emph. cn
电　　　话：总编室（010）68701719　发行部（010）68414644
　　　　　　编辑部（010）68416775
电子信箱：80147@ sina. com　zbs@ emph. cn
印　　　刷：北京中新伟业印刷有限公司
经　　　销：新华书店
规　　　格：170×240mm　16 开本　19.75 印张　223 169 千字
版　　　次：2014 年 2 月第 1 版　2014 年 2 月第 1 次印刷
定　　　价：44. 00 元

作者简介

　　方志国 男，湖北大悟人，华南师范大学经济学硕士，现任上海嘉石投资有限公司副总经理。曾供职于咨询公司、上市公司投资部、私募股权基金等机构。从业以来，主持或参与过企业战略规划、改制、重组、收购兼并、私募股权投资、定向增发、信托收益权投资、上市公司股权信托质押融资等业务，涵盖了企业资本运作的大部分领域与环节，在资本运作领域积累了丰富的业务经验，对资本市场与投资具有深刻见解。

序

张赛美

今天的中国经济正面临着转型的艰巨任务，经过三十年高速增长，在取得辉煌成就的同时，中国经济中一系列结构性矛盾开始凸显，急需解决，造成这种现象的一个重要原因是，要素市场未能充分发挥在资源分配中的基础性作用，深层次原因在于金融体系改革和资本市场建设滞后。要实现中国经济的成功转型，就必须实现经济增长方式的彻底转变，就必须深化资本市场的改革与创新。

中国资本市场已走过了二十个年头，作为全球最大的新兴市场，中国资本市场已成为世界市场经济体系的重要组成部分，不断成长壮大。我国经济领域中绝大多数国有骨干企业都已上市，且行业布局多元化；资本市场规模稳步扩大，引导了企业制度变革，为发现和重估中国企业的价值提供了可能，并促进了公司治理的根本性改善。伴随着主板市场、中小企业板、创业板、代办股份转让系统的协同推进，生产要素和社会资源不断向优质创新型企业聚集，推动了创新型国家战略的实施。

资本市场是中国经济结构转型成功的关键因素。金融危机证明，中国经济粗放型的增长将难以为继，转型和升级是必然趋势。金融危机过后，中国经济必须通过转型来保持其持续健康发展，加快转变经济发展方式，创新体制机制、加大自主创新，而这一切都将有赖于资本市场的

健康发展。资本市场不仅要实现为企业特别是国企解困的功能，更要强化支持科技创新与模式创新的功能，只有借助资本市场，深化产业创新与金融合作，创新科技资源与资本市场良性互动的有效模式，才能进一步推动我国自主创新企业和战略性新兴产业的发展。

总体来讲，我国资本市场尽管取得了令人瞩目的成就，但目前仍处在初级阶段，成长过程中也伴随着一些问题，比如资本市场的整体规模有待扩大、结构有待完善；市场机制有待进一步健全，市场效率有待进一步提高；内部治理和外部约束机制有待完善；法律环境、市场诚信、监管都有待改进等等。促进资本市场稳步健康发展的出路就在于改革和创新，我们要在有效控制风险的前提下发展资本市场是确保资本市场健康稳定发展的前提条件，同时加强市场体系建设，建设多层次资本市场体系，增强资本市场服务国民经济的能力。资本市场必须逐渐向所有企业打开上市之门，坚持用市场的办法，鼓励和支持资产质量优良、治理结构完善的企业上市融资。当前产业资本不足、金融资本过剩的矛盾非常突出，大量中小企业资金链紧张，特别是创新型科技型企业融资困难，而巨量金融资本闲置，只有通过健全资本市场的资源分配功能，发挥资本市场在经济结构调整和发展方式转变中的重要作用，才能为成功推动经济转型注入活力。

十八届三中全会以后，资本市场改革进入了一个新的阶段。全会提出的"紧紧围绕使市场在资源配置中起决定性作用"的重大理论观点，是经济体制改革的又一次理论创新和突破。全会还明确提出，要推进股票发行注册制改革，股票发行注册制改革是资本市场牵一发而动全身的改革，需要有步骤地推进。为响应三中全会精神，国务院证监会相继发布了关于开展优先股试点的指导意见、关于进一步推进新股发行体制改革的意见、关于上市公司现金分红的意见、关于在借壳上市审核中严格执行首次公开发行股票上市标准的通知等重要政策文件，以 IPO 改革为核心的资本市场几大重要变革举措的推出，标志着中央政策层面在三中全会后拉开资本市场新一轮市场化改革的大幕，它将有助于构建起更加健康、更有资源配置效率和价值发现功能的资本市场体系。

随着中国经济战略性转型，中国企业转型也面临着历史性机遇，面对经济结构转型之痛，企业资本运作是其转型与再发展的新的驱动力。在新的经济形势下，特别是在新一轮资本市场改革的引导下，企业的资本运作必将呈现更为绚丽的篇章，包括改制、并购、重组、优化、投资等资本运作模式将为企业转型乃至经济结构的转型提供新的引擎与驱动力。

当前，为了迎接这个机遇与挑战，从微观企业层面来讲，首先就需要进一步优化企业资本结构。企业资本运作成本高，资本结构不合理，势必不利于企业的生存与发展，控制资本成本，优化企业资本结构，才能实现资本最大化的价值增值。而要优化企业资本结构，必须以市场变化为依据，及时调整权益型融资和债务型融资的比重，利用财务杠杆来平衡融资成本与资本效益。其次要有明确资本运营规划。所有资本的运营目标都是追求利润或价值的最大化，使资本的所有者获得最大的增值空间。企业应在长期发展的战略指导下，实施资本运营的总体规划，确定资本运营的目标，制定企业生产经营中长期发展规划，有的放矢地确定资本运营的手段方式，使股份化改造、兼并收购、合资嫁接、联合协作等资本运作方式围绕着一个明确的目标进行，通过资本运营资产优化与配置赢得市场竞争优势，为企业发展注入新的增长极与利润点，从而实现在经济转型大潮下的企业的转型与发展。

方志国先生的这部文集既有研究宏观经济理论问题，也有当时的资本市场与投资的热点议题，还有不少是其亲历的项目操作案例，这些跨度近十年的札记从一个金融投资者个体的角度却记录了资本市场与企业资本运作的某些历史印迹，从一个侧面反映了 21 世纪初资本市场上升期与转型期所呈现的部分发展脉络，值得读者参考与思索。

2014 年元月

（作者为海通开元投资有限公司董事长）

前　言

　　进入 21 世纪以来的这十来年可谓是中国经济新一轮高速发展与转型调整的重要时期，同时也是中国资本市场呈现出最为斑斓多姿的一个时期。本书的内容主要来源于我这一时期断断续续的一些创作，回首翻阅之后，却发现在不经意中从一个侧面记录了中国资本市场十年的变迁，这些创作与内容按时间顺序记录了时代的脉搏，打下了深深的时代烙印。比如本书中涉及到的部分内容：2005 年的 REITs，2006 年政府引导基金，2007 年以后的 PE 投资，以及这一时期的企业改制重组、再到 2013 年的场外市场建设特别是新三板建设与私募投资退出，都是当年的热点与主题，反映了历史发展的一个脉络，是一个时代的缩影。

　　本书从材料来源看，有我曾经在财经杂志上发表的一些文章，有业务理论的探讨文章，还有一些是与工作业务相关的实务分析报告。从内容性质上看，涉及到了经济思想、企业战略、改制重组、私募投资、上市、股权基金等等方面，覆盖了企业资本运作的大部分领域。

　　中国经济自改革开放以来三十多年的高速发展，走完了西方发达国家几百年所走过的路程，而只有二十余年发展历史的中国资本市场在伴随中国经济高速发展的阶段更是呈现出了异常纷繁与夺目的历程，特别是进入 21 世纪初的这十年，伴随着资本市场的高速发展，从宏观到微观的资本运作也呈现出斑斓色彩。资本运作是以利润最大化和资本增值为目的，以价值管理为特征，将各类资本，不断地与其他企业、部门的资本进行流动与重组，实现生产要素的优化配置和产业结构的动态重组，极大的提高资产效率，为企业的开发式、跨越式发展乃至宏观经济的增长注入驱动活力。21世纪初的这十年包括改制、重组、上市、收购兼并等资本运作的形式与总量远远超过了以前的同期可比年份，成为这一时期资本市场上最眩目的一道风景。

中国资本市场近二十年的发展其速度之快，无以复加，但积累的问题也与成绩一样多。"慎终追远"，资本市场面临着新一轮的改革，资本市场体系建设必须长远规划，需要基础定位，需要战略立意，而不是中途修修补补，在这一框架立意指引下，再进行新一轮的改革，包括发行制度、退市制度、多层次资本市场体系建设等，才能做到整体把握，避免挂一漏万。

起起落落到变革到再发展可以说是资本运作及资本市场发展的一个客观规律，以私募股权投资为例：2005年股权分置改革以后，资本市场进入了全流通时期，具有划时代意义，随后迎来了私募股权投资发展高峰期，经过几年的高速发展，这两年又有些落寞，受行情下挫及IPO退出不通畅的影响较大，但这一形势又催生了并购、场外市场、股权转让等多渠道退出机制的蓬勃发展。"起——落——变革——再发展"可以说是资本市场及其运行的一个大势，孟子说："虽有智慧，不如乘势，虽有镃基，不如待时。"资本潮流，滚滚而来，资本运作与资本市场的改革需要借助大势，乘势而为，以创新的运作模式与机制迎接时代赋予的新的挑战。

最后，我要感谢新湖控股的魏学英女士，是在她的一再提议下我有了整理成集的想法，还要特别感谢上海嘉石投资公司林祥青先生，他在我整理与编辑过程中给予了很大的支持与关心。由于认识能力有限及时间仓促，难免有不足与疏漏之处，敬请批评指正。

方志国

2013 年 12 月于上海寓所

前 言

目录

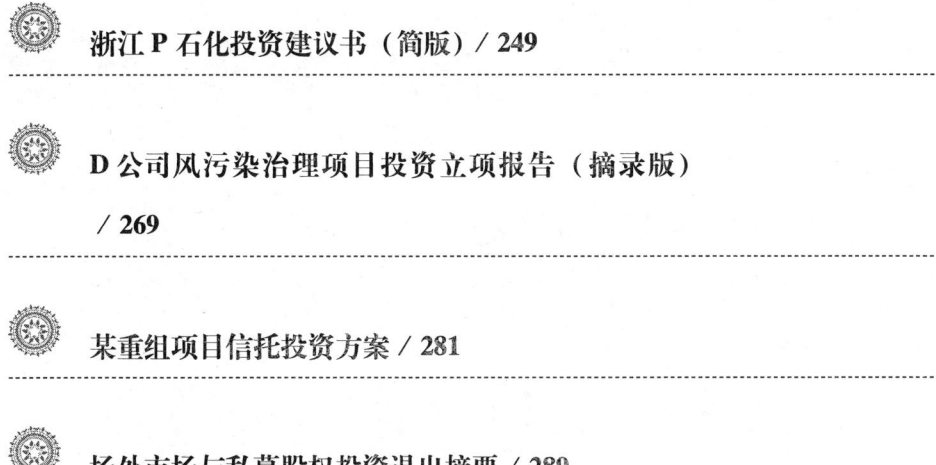

厂区(努力让顾客感动)

战略定位明确
——格兰仕成功的奥秘

格兰仕持续的"价格战"形成了双重效应:其一,通过降价,减少竞争者。正是通过一次又一次的大降价,使竞争对手一批又一批地出局。其二,通过降价,阻止进入者。由于格兰仕已经将微波炉的成本和利润都降到很低,任何一个跨国公司,要把微波炉的成本降到格兰仕之下,是相当困难的。即使成本能达到格兰仕的水平,但由于格兰仕已经拥有70%的国内市场占有率,如果把生产能力做到与格兰仕相当(为了使成本与格兰仕相当,其规模也不得不与格兰仕相当),仅两家的生产能力就会超过市场需求的40%,结果,必然两败俱伤。这就是格兰仕"价格战"所产生的效应。

在中国，格兰仕是一家比较成功的企业，用短短几年时间就铸造了全球最大的"微波炉王国"的不朽神话，创造了一个全球品牌，令世人震惊。在中国也许找不出第二个像微波炉这样品牌高度集中、甚至可以说是进入了"寡头垄断"的行业：在这个行业第一军团格兰仕一下占去市场份额的60%左右，第二军团LG占去25%左右，而排第三、第四的松下和三星都只有5%左右。2003年格兰仕集团销售首次突破百亿大关，格兰仕空调出口超过海尔，已从中国入出口四强，跨入出口二强，不得不令人刮目相看。在国内众多家电企业风光不再，格兰仕却是这边风光独好，其奥妙何在？分析格兰仕所走过的道路，主要表现在对自己定位明确，采取了合适的发展战略，例如先做专再做多、低成本扩张、相关领域多元化等。正是这种发展战略，使格兰仕走到今天，并向国际化经营迈进。

国际著名战略学家波特认为在通常的情况下，企业可以采取三种基本战略，为公司长期发展建立进退有序的地位，从而在产业中胜过对手。这三种战略分别是总成本领先战略、差别化战略、目标集聚战略。一般根据企业生命周期，企业在不同阶段为了需要会采取不同的战略。格兰仕一开始就对市场和自己定位准确，成功地运用了这些战略，为其发展一步步打下了坚实的基础。

战略之一：打造核心竞争力——先做专，再做多

核心竞争力是企业立于不败之地的法宝。格兰仕在成长时期的总体战略是以集中一点为核心的，即将原有行业的经营资源大规模地转移到

新选择的"微波炉"项目上，从原有行业中撤离出来，集中全部资源来经营这个新的"点"，走专业化之路。主要内容包括：第一，在总成本不变或降低的前提下，不断开发新产品和专有技术。第二，利用总成本领先的优势，向市场推出质好价廉的产品，扩大市场占有率。第三，关键元器件的开发，在上述基础之上，格兰仕开始利用自己的技术力量开发关键元器件，并投入生产，进一步降低总制造成本。

格兰仕以前是一家羽绒服生产企业，1992 年转向微波炉，这时羽绒服产业年利润已达 800 万元、出口 3000 万元。随着我国市场经济的发展，每个企业面临的市场越来越广阔。在这样的背景下，企业可能有两种选择战略：一是多产业、小规模、低市场占有率；二是少产业、大规模、高市场占有率。这时何去何从格兰仕选择的是后者。格兰仕放弃了原来众多与微波炉无关的产业，集中精力做微波炉。1992 年，格兰仕引进当时最先进的东芝微波炉生产线，在半年内建成投产。十年时间里，格兰仕的生产规模不断扩大，产量从投资建厂当年生产微波炉 1 万台到 1996 年增至 60 万台，1997 年激增至接近 200 万台，目前已拥有全球最大的微波炉生产基地，年生产能力达 1500 万台。格兰仕从 1996 年开始屡屡掀起"降价风暴"，大量小规模的厂家被迫退出市场。几年后，能与格兰仕一争高下的仅剩下处市场第二位的韩国 LG。目前格兰仕垄断了国内 60%、全球 35% 的市场份额，成为中国乃至全世界的"微波炉大王"。

格兰仕集团副总经理俞尧昌说："就格兰仕的实力而言，什么都干，则什么都完了，所以我们集中优势兵力于一点。"格兰仕的战略就是把一个产品做精、做深、做透、做大、做强之后再做第二个。格兰仕从

1993 年至 1999 年，一直只做微波炉产品。经过八年的积累，技术已经很成熟，在增长有限的情况下，格兰仕于 2000 年由单一的微波炉产品扩展到空调、电风扇、电饭煲等多种产品，但从产业上看，仍然是单一，只是产品的多元化，而不是产业的多元化。

这种同一产业类的产品多元化，是相关度很高的多元化。一是品牌相关，所有的产品都用格兰仕品牌；二是营销网络相关，可以共享；三是一部分生产能力相关，有些设备可以共用；四是管理相关，现有的管理体系和管理者的经验，都可以延伸到新的产品上。格兰仕由微波炉单一产品的最大化到微波炉、空调、电风扇等产品的相关多元化，是有规模经济的最大化，到范围经济效益的最大化。

战略之二：运用低成本领先战略，采用价格战占领市场。

格兰仕 1993 年进入微波炉行业，到 1996 年，微波炉产量增至 60 万台，从而在全国掀起了大规模的降价风暴，当年降价 40%。1997 年激增至接近 200 万台，目前已拥有全球最大的微波炉生产基地，年生产能力达 1500 万台。因为专业做微波炉，格兰仕在微波炉市场上很有成本优势，近 10 年来格兰仕的核心竞争力在于价格。其集中在少数产品，大批量低成本，通过价格战迅速占领市场是格兰仕成功的法宝。格兰仕利用 OEM 搬来的设备，大批量生产，低劳动成本，大的管理跨度，采购方垄断等，在很长的时间内获得了成本优势，使格兰仕有比较大的降价空间。降价的结果使格兰仕的销量大增，产量也跟着大增，市场占有率不断增大，随后又是一连串的降价。

这些年我国家电等行业价格战已成白热化状态，价格战是一把"双刃剑"，不仅使许多小企业破产，同时也使现存的大企业元气大伤，出现两败俱伤的局面，并没有达到大企业原来想"清理门户"的目的。格兰仕的价格战运用得非常成功，在我国竞争激烈的制造业中可以说是一个奇迹。关键就在于格兰仕的价格战不是在产品成本之下进行的倾销，而是建立在成本降低的基础之上，成本的降低又来自于它的独一无二的规模优势。微波炉生产的最小经济规模为100万台，早在1996～1997年间，格兰仕就达到了这一规模，随后，规模每上一个台阶，生产成本就下降一个台阶。这为企业的产品降价提供了条件。格兰仕的做法是，当生产规模达到100万台时，将出厂价定在规模80万台企业的成本以下；当规模达到400万台时，将出厂价又调到规模为200万台的企业成本以下。

格兰仕降价有几大特点：一是降价的频率高。几乎是每年降一次。二是降价的幅度大。每次降价，一般都在30%～40%。由于连续大幅度降价，格兰仕的产品销量每年上一个新台阶，其市场占有率也随之上一个新的台阶。

格兰仕持续的"价格战"形成了双重效应：其一，通过降价，减少竞争者。正是通过一次又一次的大降价，使竞争对手一批又一批地出局。其二，通过降价，阻止进入者。由于格兰仕已经将微波炉的成本和利润都降到很低，任何一个跨国公司，要把微波炉的成本降到格兰仕之下，是相当困难的。即使成本能达到格兰仕的水平，但由于格兰仕已经拥有70%的国内市场占有率，如果把生产能力做到与格兰仕相当（为了使成本与格兰仕相当，其规模也不得不与格兰仕相当），仅两家的生产能力就会超过市场需求的40%，结果，必然两败俱伤。这就是格兰仕"价格战"所产生的效应。

格兰仕的降价是以双低为基础，即低成本、低利润。正因为双低，降价使生产劣质产品的企业都无利可图，劣质产品也就自动退出。因此，格兰仕的降价对市场来说是双重淘汰，既淘汰高成本的企业，又淘汰劣质企业。通过双淘汰，使中国微波炉产品的价格总水平降低而质量总水平则相应提高，（见下图）。

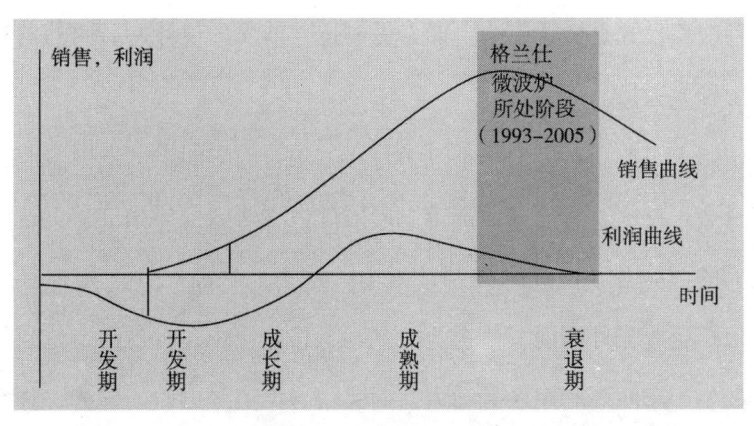

格兰仕销售利润图

战略之三：做好产业价值链的制造环节

在整个产业价值链中，有营销、生产、科技开发、管理、购买等若干个环节。作为单个企业，有几种选择：一是从头做到尾，包打天下。有些著名的公司曾经是这样做的。像福特汽车，当年为了获得生产汽车的钢铁，自己收购钢铁厂产钢，为了炼钢，还拥有自己的煤矿。结果证明这种做法生产效率低下，现在即使是财大气粗的跨国公司也很少这样做。二是根据自己的优势，做其中的一些环节，一般大公司选择产业中的几个环节。三是选择一两个环节。对于中小型企业，由于资金、人才有限，一般只选择其中的一两个环节，其实很多跨国公司也只专注于一两个环节，像零售巨头沃尔玛就只专做零售而不生产。如果只做一两个环节，那么定位在哪个环节上？

通常有两种战略模式：一种是哑铃模式，即定位在设计、营销和品牌上。一头是设计，一头是营销和品牌，而中间的生产环节外包出去。另一种战略模式是橄榄模式，即专做制造，前面的设计，后面的营销和品牌由别人去做。

中国大多数企业历史都不过十几年。短暂的时间里使中国企业在品牌、资金、技术、管理方面都难以同国外大型跨国公司相抗衡。这些企业最大的优势在于低成本的制造能力，这个现状在短期内是很难改变的。根据企业与外国同行业企业的差距，格兰仕首先将自己定位成外国企业的生产车间。利用在劳动力、商品销售渠道等方面的优势，弥补在资本、技术等方面与跨国公司的差距。中国企业需要抓住这些东西，吸取经验教训，缩小与国外企业的差距，强大起来。正因为如此，格兰仕明智的选择橄榄型模式，通过自己的橄榄模式与跨国公司的哑铃模式对接。

格兰仕目前虽然在微波炉方面无可匹敌，但是用销售额、利润额、销售网络等来看，与国内一些家电企业还有差距。格兰仕的战略定位是：专心生产，成为全球名牌家电生产制造中心，绝不涉足流通领域。做家电和卖家电也是两个行业。格兰仕有 1.8 万名员工，从事正式销售工作的才 100 多人。与我国众多家电企业一味想做大相比，格兰仕似乎更看重做强、做久，格兰仕曾经说过与其去做 500 强，不如做 500 年。因为专注制造，才使格兰仕迅速获得了全球范围的规模优势和成本优势。

随着实力不断加强和品牌在全球不断叫响，不排除格兰仕由橄榄型模式转向哑铃型模式。事实上，格兰仕近年来的发展模式已经由橄榄型逐步向葫芦型过渡，即除了做大制造外，在科研等方面也不断加强，采用六西格玛管理，全面提升管理水平。格兰仕的最大期望是无论企业、部门、环节、个人都要成为强者，并且以此与世界范围的同行业水平比较，企业要迅猛成为行业寡头和市场强者。个人要成为行家、专家、强者。

从长远看，做橄榄与做哑铃，今后将纯粹是一种国际分工，即不存在谁为谁打工，又不存在谁控制谁。而做橄榄与做哑铃将也会逐步形成平均利润率，企业根据自己的情况选择合适的模式，套用格兰仕的话说，合适就是最好的。

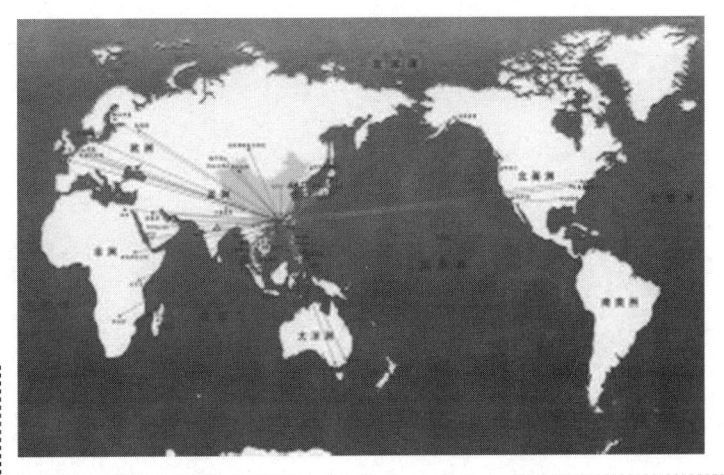

实施战略规划　　推进区域合作

——论泛珠三角

随着中国与东盟自由贸易区的建立，"泛珠三角"区域将是我国与东盟经贸合作的"桥头堡"。因此，必须抓住这一历史性机遇，充分利用自身的区位优势，整合"泛珠三角"内部资源与力量，全面高质量的参与到国际经济竞争中去，从而提升区域经济综合竞争力。

内容提要： "泛珠三角"作为横跨南中国的重要经济合作区域，要有准确的定位与明确的长远目标。在定位与目标明确的情况下，要尽快从战略高度为"泛珠三角"的区域经济合作与未来参与国际经济竞争作好长远规划。

关键词： 泛珠三角 战略规划 区域合作

一、"泛珠三角"概念范围及延伸

2003年，中国经济发展史上的一件大事，就是"泛珠三角"经济区的提出与启动。"泛珠三角"的范围覆盖了珠江流域及广东周边省区，包括广东、福建、江西、广西、海南、湖南、四川、云南、贵州等9个省（区），再加上香港和澳门两个特别行政区，简称"9+2"。"泛珠三角"的区域合作是应对世界经济格局变化，特别是经济全球化与区域经济一体化的重要战略举措，必将对广东及华南地区的经济社会发展产生巨大历史性影响。

"泛珠三角"经济区首先是一个大珠三角经济区和周边省区在中央政府的支持下，各个地方政府达成高度共识、构建区域紧密的合作体，在制度、市场、基础建设等方面紧密合作、整合完成。然后建立以大珠三角为核心的、周边省区紧密联系的一个共同市场，区内生产要素自由流动，打破地区封锁和区域保护行为，交易费用降低，最后形成粤港澳和周边省区内各个省区经济活动和谐发展，经济稳定，生活标准提高和成员省区之间联系密切，对外实行统一的关税制度，实行共同农业政策和货币制度，逐步形成一个货物、劳力、劳务和资本自由流通的一个经济共同体。

从国内来看，"泛珠三角"的范围有条件也有必要作一定的延伸。湖北省位于中南地区，大部分地域在京广铁路以西。湖北是我国的老工业基地，科教力量雄厚，即将建成的武汉至广州高速将使通行时间缩短为四个多小时。重庆在四川的东部，在地域上更接近大珠三角。因此，也可以考虑将国内"泛珠三角"经济区在上述"9＋2"的基础上，加上湖北省和重庆市，形成"11＋2"的范围。如果从国际来看，东南亚的越南、老挝、缅甸、柬埔寨等东盟国家与广东、海南、广西、云南等省海域相连、山水相连、文化相似，加上 2010 年前要建立中国——东盟自由贸易区，所以"泛珠三角"经济区也可被看作是南中国区（"11＋2"）与将来东南亚的合作与发展。

二、目标与定位

"泛珠三角"区域经济合作的最终目标就是实现大区域内的资源的整合，构筑"泛珠三角"合作的共同市场，获得区域内地区间的互补效应和经济聚集效应，从而提高市场资源配置效率。从定位来看，"泛珠三角"的未来战略定位应该是成为中国和亚洲最重要的经济圈、亚洲经济联盟的先行区和核心区。

"泛珠三角"是一个总体战略。从"小珠三角"到"大珠三角"再到"泛珠三角"，这是一个战略方向，是适合经济全球化、在更高的层次上配置资源的总体战略。我们不可能提出"泛珠三角"就可以短期内把所有的资源规划整合好，但是如果没有这个战略方向，又怎么能促进各个省份更好地进行资源整合和合理分工呢？所以"泛珠三角"经济区是南中国经济发展的战略方向。

"泛珠三角"是一种共建共享共赢的战略联盟。这是新发展观的重要体现。"泛珠三角"所谋求的是整个区域战略平台的提升，在更大的范围内共同发展，各个主体之间是平等的、互惠的关系，不是谁服从谁，谁吃掉谁的关系，而是一个战略联盟。而且这个联盟对内部，对外部都是开放的，它所追求的是整体利益的最大化

三、推进区域合作的战略规划

1. 总体规划上依据区域各地发展水平与实际情况，划分三个层次，有分别有重点的逐步发展。这三个层次是龙头核心区、地区中心区、产业增长点区域。

龙头核心区主要包括粤港澳三地，即大珠江三角洲，该区主要包括三个都市圈，即广佛都市圈、港深都市圈和珠澳都市圈。该地区市场经济发达，工业化程度较高，拥有资金、技术、人才、信息、市场等优势。但同时由于该区生产成本逐步提高、土地的资源严重短缺，现有腹地狭小等原因，使得该地区急需开拓自己的腹地市场。龙头核心区的合作重点主要是启动内资，大力发展高科技产业，加强城市之间的分工与协作，使之能够成为"核心"，对周边地区经济发展产生辐射和带动作用；地区中心区包括各省的省会以及中心城市，在周边具有一定的辐射和聚集效应，它们的率先增长及其产生的较大的地区乘数作用，能够促

进和带动增长极广大周围地区的发展。增长极中心区的合作主要是充分利用香港和澳门的成熟的市场经济和小珠三角先进的技术和资金，为本地区发展外向型经济提供平台；产业增长点区域就是遍布于泛珠三角地区的广大市域和县域经济，这些地方根据自身具有的特色产业来进行发展，形成一个个特色经济的产业增长点。产业增长点区的合作主要就是以获得珠三角在技术、资金上的支持，在吸收核心区产业转移的过程中，根据各地的优势形成自身的主导产业。

2. 建立地区利益协调机制，打破地区封锁，消除市场壁垒，消除体制性障碍，构建统一大市场。

"泛珠三角"覆盖了南中国十一个省区，传统的行政区域的分割管理在相当大的程度上阻碍了区域合作的深化。在现行的行政体制下，地方行政主体的利益导向十分突出：各自为政、自成系统；地方本位主义、保护主义，人为阻碍资源的流动；竞相压价招商、盲目无序竞争。在"泛珠三角"区域合作机制下，要推动区域经济共同协调发展，就必须建立有效的利益协调机制，正确地方政府之间的利益关系，克服制度瓶颈引起的地区利益失衡。

建立利益协调机制要根据机会均等、公平竞争、利益兼顾和适当补偿的原则。协调方式则可采取各方共同参与协定或区域公约的形式，也可以采用局部协商然后整个区域内推广的形式。特别是在开放共同市场、招商引资、土地批租、外贸出口、产业转移、技术合作等方面签定协议或公约，形成统一法规，为协调各方利益作出可供指导与依据的纲领性文件。从而为打破地区封锁，构建统一市场，实现地区优势互补及共同发展奠定体制性基础。

3. 加快基础设施网络建设，构建点—轴—面的物流中心体系。

对"泛珠三角"交通、信息的整合就是构建物流中心体系的战略。"泛珠三角"是一个跨度很大的地区，它的特殊性就在于同时集沿海、沿边和内地于一身。大珠三角地区由于经济实力较强，具有优良的物流设施和通道，所以从物流需求和能力来看应作为"泛珠三角"物流中心体系的核心。根据梯度理论，经济扩散必然呈现一定梯度、一定层次，所以核心区的向外扩散的过程应以"点—轴"模式为适合。利用交通信息网构成不同等级的长轴网络系统，利用中心城市和交通干线的扩散效应带动周边发展。目前这一模式在区内实际上已呈现出雏形，即沿大珠三角—广西、云南等西南走廊；大珠三角—京广线、京九线走廊；大珠三角—福建，长三角走廊。其中，每条轴线都是沿海向内陆辐射，具备了复合的功能特性，较合理的实现了各区域间的功能互补，形成了以大珠三角为核心的扇形物流体系。

同时，建立点——轴——面的物流中心体系的一个重要点就是要有一个综合性、立体性、高质量的交通网络体系，使各中心得以充分发挥各自的物流节点功能。快速便捷、高效安全、互连互通的交通网络设施体系是加强区域经济合作与联动的根本基础。为此，"9＋2"区域各省区要树立大市场、大交通的指导思想。打造这一体系的关键在于，对道路、铁路、机场、港口新建改造的投入；在建设交通线路时进行系统安排，保持良好畅通的交接能力。另外，对于内河行道也应有战略性的重视，内河具有巨大的运输能量；可节省土地资源，减轻公路铁路的压力；水运成本较低，可缓解内地建设资金不足的问题。

4. 争做中国—东盟自由贸易区"桥头堡"，以群体力量，前沿优势，强化对外辐射能力。

"泛珠三角"板块具有优越地理区位，濒临太平洋，面向东南亚。区域内的广西和云南更是与东盟国家山水相连，拥有我国通往东南亚的战略通道。香港与澳门属于世界新兴工业化的地区之列，香港是亚太地区的金融贸易中心，珠三角的制造贸易业在中国与东盟经贸合作中也是不可忽视的重要力量。中国与东盟这两大市场在产业结构、产品结构及资源结构上有很强的互补性。随着中国与东盟自由贸易区的建立，"泛珠三角"区域将是我国与东盟经贸合作的"桥头堡"。因此，必须抓住这一历史性机遇，充分利用自身的区位优势，整合"泛珠三角"内部资源与力量，全面高质量的参与到国际经济竞争中去，从而提升区域经济综合竞争力。发展与东盟国家经贸合作，把具有出口贸易优势的部分企业迁到与东盟邻接的云南、广西，简化行政审批，降低企业成本。把有开拓国际市场能力的地区的优势与周边省区的区位优势有效结合起来，实现共同开拓国际市场的目的，使区域经济不断向外向型发展，不断增加对外辐射能力。

（本文完成于 2004 年）

Thorstein B. Veblen

凡勃伦与马克思制度经济学思想比较

在研究资本主义制度变迁问题时，凡勃伦将经济社会的变迁视为技术制度与私有财产制度相互作用的结果。他将在外所有者、工业大亨、金融家、投资银行家、企业家归于礼仪制度的一部分，而技术员、工程师、某些工人则被归于技术制度的一部分。企业家所感兴趣的是保持尽可能高的总利润，为实现这一目标，他们可能通过垄断的方式限制产量；技术员、工程师以及与机器过程联系密切的工人对此却拥有不同的看法，他们的目标是鼓励、设计生产工艺以使真实产量最大化。

一、理论基础与社会观

凡勃伦的制度经济学思想主要来源于德国历史学派，即被认为是德国历史学派在美国的一个变种。同历史学派一样，凡勃伦注重研究各国各个时期具体的历史材料，探索每一时期每一具体经济体系下的经济问题，把不同历史时期的相对性看作是制度经济持续演进的表现。

凡勃伦所依据的社会观及方法论是达尔文的进化哲学思想。凡勃伦深受达尔文进化论的影响，他认为经济学应该研究社会变化过程及其对经济行为的影响，应该是进化的科学。他所理解的进化的经济学"必须是关于由经济利益所决定的文化成长过程的理论，必须是关于由进化过程本身所表述的经济制度的累积变迁序列的理论"。从社会进化论出发，他认为经济社会的发展是各种制度形态持续演进的历史过程，认为经济社会发展的根源来自制度的发展。不过他认为社会经济的演变是没有质变只有量变，没有目的与方向，是自然淘汰、自然适应的过程。

马克思经济学从本质上讲其实是制度经济学。马克思从辩证唯物主义和历史唯物主义世界观出发，分析和指出了资本主义制度产生、发展、灭亡的必然历史趋势与规律。而凡勃伦的制度经济学主要也是研究现实中的资本主义制度，批评指正其缺陷与不足。他对资本制度的动机目的的揭露、对资本主义金融寡头统治的揭露以及对其它资本主义制度弊端的揭露，这些都成了他制度经济学思想的重要组成部分。但凡勃伦的阐述与揭露其深度显然不能与马克思相提并论，这是因为他们的理论基石不同。马克思运用他所创立的辩证唯物主义与历史唯物主义这两把钥匙，从生产力与生产关系、经济基础与上层建筑的基本矛盾的分析出发，科学而系统的指出了社会经济制度演进与变迁的历史规律。马克思强调的社会经济形态的发展是一种自然而然的历史过程，现实社会是处在经常变化中的有机体，这些观点与凡勃伦的演进思想都有通融之处。

二、关于制度的起源与界定

凡勃伦把"制度"定义为"广泛存在的社会习惯""公认的生活方式"以及经济结构等，他认为制度的实质就是个人或社会有关的某些关系或某些作用的一般思想习惯。政府、企业、市场、价格、财产、法律等他都认为是广泛存在的社会习惯，都是制度。"经济制度"则是人类利用自然资源满足自身需要的一种社会习惯。他又指出，制度或社会习惯是逐渐形成的，有一个历史进化的过程，制度的发展不是一帆风顺，会与新的环境发生矛盾，在矛盾中得到发展。推动制度演进的动力是人的心理与生理因素，而这些又被社会习惯所决定，所以制度终归由社会风俗习惯所决定。

凡勃伦还发展了一种基于永久变化的制度演化的经济学科学，他确认了两种制度，即"技术制度"和"私有财产制度"。这种二分法的制度的存在和特征依赖于所谓的人性不变特征。

马克思经济学对制度的认识有所不同。在马克思的理论体系中，制度最初来自物质生产领域的规制，后来才上升为政治法律设施。马克思认为，"制度不仅归结并表现为社会普遍意志的法律和伦理范畴，而且完整的社会制度是由经济基础和上层建筑两个相互联系的层次组成的。"

经济基础和上层建筑既具有原生和派生的关系，又有互动的关系，即经济基础决定上层建筑，上层建筑又反作用于经济基础。马克思认为，对制度的研究，首先要分析作为整个社会经济基础的生产力及与之相适应的生产关系，然后才能对建立于此基础的道德和法律等上层建筑的性质作出合理的解释和说明。

对于解释制度的起源，马克思是从人类与自然界的矛盾出发，从生产力的发展导出第一层次的制度起源，即经济基础的形成过程，进而又从社会生产关系中不同集团和阶级的利益矛盾和冲突出发，从社会生产关系中导出第二层次的制度起源，即包括政治法律制度和意识形态等在内的上层建筑。在制度本质的认识上，马克思则从生产这一人类最基本的实践活动出发，将一定制度的形成归结为一定社会占统治地位的生产关系的总和，以及与这种生产关系相适应并维护这种生产关系的社会机构和规则，认为制度的本质就是在社会分工协作体中不同社会集团、阶层和阶级的利益关系。

三、关于经济社会变迁的制度分析

凡勃伦把制度归结为"广泛存在的社会习惯"及一种精神状态，其中既有经济因素，也有政治法律思维及习惯的因素。社会习惯及各种制度是逐渐形成和发展起来的，要了解现存的制度，必须考察以往各种制度的演化过程。既然制度是人的习惯或思想长期积累的结果，那么它的演化也就是人类的思想和习惯自然而逐步演化的过程，或人类在面对外部环境下心理精神状态变化的过程。人们在新制度下提高自己在分配中的便利程度获得自己期望的物质利益，也就必须在不同的环境中改变自己的习惯与思维，以与新制度即广泛存在的社会习惯一致。制度演变的速度和顺利程度，取决于新的制度对社会各个成员物质利益的影响程度。

在研究资本主义制度变迁问题时，凡勃伦将经济社会的变迁视为技术制度与私有财产制度相互作用的结果。他将在外所有者、工业大亨、金融家、投资银行家、企业家归于礼仪制度的一部分，而技术员、工程师、某些工人则被归于技术制度的一部分。企业家所感兴趣的是保持尽可能高的总利润，为实现这一目标，他们可能通过垄断的方式限制产量；而技术员、工程师以及与机器过程联系密切的工人却拥有不同的看法，他们的目标是鼓励、设计生产工艺以使真实产量最大化。工业专家对企业家的企业式的管理的缺失进行批判，以使重新安排生产体系。对资本主义制度的分析包括对"机器利用"和"企业经营"矛盾的分析，资本主义经济制度发展趋势的分析。"机器利用"和"企业经营"实际上是技术制度和私有财产制度演进到资本主义时代的表现形式。"机器利用"和"企业经营"的矛盾实际就表现为实现中为追求商品的扩大的生产与企业主利用垄断权获取高额利润的矛盾。凡勃伦认为这一矛盾是资本主义一切矛盾、缺陷的根源和基础。而解决这一矛盾的方案要以"技术人员委员会"代替"企业经营"的统治，这是资本主义经济制度的发展趋势。这与马克思关于工人阶级替代资产阶级统治有着异曲同工之妙，马克思关于经济社会制度变迁理论则侧重于宏观层面。马克思认为社会制度是人类社会从事生产实践的产物，它同样有一个产生发展和灭亡的必然过程。人类受特定时期社会制度的约束同时又在酝酿和创造新的制度，社会制度发展的最终动力还是来自于生产力的发展水平，社会制度的变迁也只能由生产力与生产关系、经济基础与上层建筑的矛盾运动来解释。马克思指出："社会的物质生产力发展到一定阶段，便同他们一直在其活动的现存生产关系或财产关系发生矛盾。于是这些关系便由生产力的发展形式变成生产力的桎梏。那时社会革命就到来了。"当然，还有其它影响社会制度进程的因素，但生产力的发展状况及其与生产关系的矛盾则是最终推动力量。在社会制度变迁的方式上，马克思认为人类社会都是阶级社会，在阶级社会人与人的利益矛盾是不可调和的，只有通过剧烈的革命性方式来改变原有的社会制度，这种革命方式就是阶级斗争，用激进的革命手段解决社会矛盾以推进社会制度形态的演进。与凡勃伦不同的是，马克思认为制度的演进是有目的和规律性的，是量变和质变、渐进与革命的统一。

通过凡勃伦与马克思制度经济思想的比较，可以看出他们虽然在理论来源、分析方法等方面有较大的区别，但也有一些相互融通的地方，应该说凡勃伦作为早期制度经济学的创立者，从一开始就与马克思经济思想有着较深的渊源。并且他们的理论都不属于自己那个时代的正统经济学领域，他们的理论也都从各自所认为的矛盾运动出发，揭示了社会形态变迁和资本主义制度变迁的动力与方式，同时他们都对正统经济学给予了有力的反驳，也都对资本主义制度的现实问题给予了严肃的批判。但马克思经济思想无疑给早期的制度经济学的发展开辟了更广的出路与领域。

（本文发表于《科技情报开发与经济》2005 年第 11 期）

投资中国

——十一五期间投资机会分析报告

中国人均 GDP 到 2010 年比 2000 年翻一番，按照不变价格计算，2001～2005 年人均 GDP 增长 8.14%，因此 2006～2010 年人均 GDP 平均每年增长 6.23% 即可达到这一目标。再考虑到人口增长的因素，GDP 总量平均每年需增长约 6.7%。这样的速度仍然是太保守了。我们预计十一五期间 GDP 增长速度在 8%～8.5% 的区间。

"十一五"规划是我们寻找未来中国经济亮点的重要依据，其中蕴藏的机会非常丰富。

一、中国经济的回顾与展望

社会处于大变革、经济处于大发展的中国，新的投资行业、新的商机总是不断地涌现，而又不断地消退在改革历史的进程中。进入"十一五"，我国的经济运行背景、现实状况与前几年相比已经发生了很大的变化。我们有必要对"十一五"期间的经济结构变动与行业变动趋势进行专题研究，以期为今后的投资与合作发掘重要的商业机会。

在经历了30年中几乎是最好的2004年后，2005年全球经济在高油价的阴影下依然强劲。而中国经济在减速的忧虑中也继续着高增长。对于中国经济，一向以来研究界的分歧相当大，异常乐观的有之，极度悲观的也大有人在，预测失误的更是不胜枚举。在即将过去的2005年"高增长—低通胀"的组合依旧不变且日趋完美。固定资产投资依然旺盛，新开工项目数量强劲增长；消费品零售总额提速；CPI明显下降。

目前的中国经济，正处于过去10年中最好的时期，连续3年的增长率稳定在9%以上，并且没有引发90年代那样的通胀。三季度的经济数据公布之后，我们对经济趋势的基本判断是，在中国政府刻意避免大起大落的政策预期下，中国经济在2006乃至更长的时期内将处于8%到9%的窄幅波动的区间内。

在这样一种发展趋势下，我们发现中国经济中的一些亮点，可能获得较快的发展。

二、"十一五"规划期内热点行业投资机会

尽管经过了 20 多年的市场化改革，政府仍然有能力对中国经济施加强有力的影响，因此，"十一五规划"不可不提。《中共中央关于制定十一五规划的建议》（以下简称《建议》）为未来五年的经济增长勾勒出一个粗线条的全貌。《建议》对十一五期间提出了两方面量化的发展指标，即 2010 年人均 GDP 比 2000 年翻一番，单位 GDP 耗能指标比 2005 降低 20% 左右。

人均 GDP 到 2010 年比 2000 年翻一番，按照不变价格计算，2001～2005 年人均 GDP 增长 8.14%，因此 2006～2010 年人均 GDP 平均每年增长 6.23% 即可达到这一目标。再考虑到人口增长的因素，GDP 总量平均每年需增长约 6.7%。这样的速度仍然是太保守了。我们预计十一五期间 GDP 增长速度在 8～8.5% 的区间。

"十一五"规划是我们寻找未来中国经济亮点的重要依据，其中蕴藏的机会非常丰富。

（一）新能源与循环经济

根据以往的经验，上一个五年的突出问题总会成为下一个五年的重点解决目标。1993～1994 年的高通胀之后，1996 年开始的"九五"计划将控制通胀放在了重要位置；1997～1998 年国企解困、人员分流给就业、社会稳定造成了很大的压力，2001 年开始的"十五"对就业提出了具体的目标。这一次，能源价格的连续上涨，使得节约能源理所应当在"十一五"规划中占据了重要的作用。

这一主题包含的内容有能源使用效率的提高、替代清洁能源的开发利用、可回收物资的循环利用。目前中央六部委联合发布了循环经济试点的企业、行业和地区的名单，主要集中在高耗能行业。

更为重要的是，一些相关政府部门的官员在公开场合的言论、表态显示，国家对循环经济试点重大项目和技术开发项目将予以适当支持。目前，国家发改委环境资源司正在联合财政部、商务部等有关部委，要求试点企业和地区申报试点方案的重大项目。对于促进循环经济有明显作用的重大技术项目，将会得到国债资金和财政资金等方面的扶持。

在国家中长期规划中，可再生能源发电2020年要达到总装机容量2000万KW的发展目标，也就是说每年至少需要发展100多万KW装机容量的可再生能源发电系统，任务相当艰巨，仅靠政府投入是远远不够的。中国可再生能源规模化发展项目（CRESP）办公室主任周凤起亦认为，中国可再生能源发展的关键，就是要吸引更多企业、投资商的进入。

太阳能、风能、水能、垃圾能、地热能、海洋能等"可再生能源"，有着可观的市场空间以及成本优势，同时受大国家大力支持，在未来会有一个广阔的发展空间。

在我国，风电机组、光伏电源与风—光互补电站等小型离网发电已经实现初步产业化。在风力发电方面，30多个厂家生产从100W到5KW的发电机组产品并形成出口，年产量约3万台。目前我国已研制成功50－200KW中型机组，独立电站、联网风电场得到迅速发展，2003年总装机容量56.7万KW。风电建设投资成本为700美元/KW，约为核电的一半，考虑到风电的年发电小时数只有核电的一半，故风电按单位发电量的建设投资成本与核电大致相当，未来可能低至 500 美元/KW 以下，经济性能更高。

在光伏发电方面，目前国内光伏电池的效率和售价与国际水平接近，西藏那曲 25KW 光伏电站和西藏安多 100KW 光伏电站代表着我国当前的水平，深圳亦在近年建成亚洲最大的 1MW 光伏并网发电系统。

2050 年国内发电总装机容量将达 24 亿 KW，考虑各种能源发电可能性，尚有 7.2 亿 KW 缺口需要可再生能源发电来满足。他认为，太阳能发电将是大规模发展的方向，相关的发电、储能及运输均面临更高的要求，技术与产业发展工作应当及早起步。

（二）铁路交通

铁路运能是导致 2004 年春季"煤荒"的一个主要瓶颈。铁路运输部门目前仍然处于"半行政"的经营状态，相比早已放开投资准入的公路行业，铁路建设的速度一直很慢。尽管进入 2005 年以来，有关铁路的投资突然加快，但绝对规模仍然很小。

根据我国《中长期铁路网规划》，到 2020 年，全国铁路营业里程将达 10 万公里。要完成这一目标，未来 15 年中国铁路建设需要投入资金 2 万亿元，即平均每年需投资 1300 亿元左右，比 2004 年铁路运输业的投资额高 60%。

日前，铁道部对外宣布开放四大领域：铁路建设领域、铁路运输领域、铁路运输装备制造领域、铁路多元经营领域，同时对合资铁路经营机制和经营政策等七个方面加大改革力度。我们有理由期待铁路建设新高潮的到来。

新型铁路装备：2004 年 1 月，国务院通过了《中长期铁路网规划》，计划到 2020 年：全国铁路营业里程达到 10 万公里，主要繁忙干线实现客货分线，复线率和电化率均达到 50%。运输能力满足国民经济和社会发展需要，主要技术装备达到或接近国际先进水平。因而，国家要大力发展高速铁路列车及新型地铁车辆，包括牵引、传送、控制及网络系统、信号系统的制造和研发，机车和车辆制造、设备和零部件供给等对企业而言是个重大发展契机。

铁路建设：在中国，74000 多公里的铁路线承载了 13 亿多人口的流动和 960 万平方公里的资源供给，其运输密度位居全球铁路之首，目前的铁路运输能力已基本没有提升空间。完成到 2020 年的规划目标，预计总投资约 2 万亿元，也就是说，平均每年的投资额将达到 1300 多亿元，加上每年的铁路改造、维修建设和其他配套设施建设投资，数字更为庞大。铁路建设未来面临巨大商机。

（三）道路交通与公共设施

发展城市公共交通即能缓解城市规模扩张带来的出行难，也符合经济节能的原则。目前大家对城市公交的讨论基本都集中在陆续重新获批开工的很多城市的轨道交通项目。中国已经在 9 个城市开通了轨道交通。十五期间，对轨道交通的总投资达到 2000 亿元。立项和在建的城市轨道项目计划总投资已经达到 2800 亿元，总里程 688.3 公里。乐观的预测表明，到 2010 年，我国的城市轨道交通总里程将超过 1000 公里。

交通运输基础设施行业：交通运输在"十一五"期间将迎来关键发展时期，其制约国民经济发展的瓶颈问题将得到有效缓解。目前国家发改委的交通运输业"十一五"规划讨论稿将大力加强对铁路、公路、港口等行业的推进力度，进一步提高和改善交通运输业的运能与布局。而要实现这一目标，其投资规模必将出现大幅提升。

"十一五"时期综合交通运输发展的目标是：初步建成以铁路、高速公路为主骨架，能源运输通道，快速旅客运输系统和集装箱运输系统为重点的通畅、便捷、安全、经济、可持续发展的综合运输体系，全面缓解交通运输对国民经济发展的制约，满足人民生活水平提高和保障国家安全的运输需要。从 2001 年到 2010 年，交通运输业系统的建设资金需要 4.5 万亿人民币；到 2020 年为止至少需要投入 8 万亿人民币。发达国家投资于交通运输业的资金比重占整个 GDP 的 3.5% 至 3.8%，我国交通运输业发展滞后很大程度上是因为长期投资不足。未来十几年，如果要彻底解决目前交通运输对国民经济的瓶颈制约，会坚持把对交通运输的投资额提高到占 GDP3.5% 的比重。

港口：港口业是我国交通运输业的重要组成部分。2004 年在国际贸易和国内经济高速增长的带动下，国内沿海运输需求强劲，水运经济指标快速增长，运输量增长进一步推动港口、航道建设，刺激船舶运力增长。市场运力供应紧张导致运价稳步上升，港航企业经济效益良好。

中国在国际航运市场中发出的声音越来越响。2003 年世界集装箱港口排名中，前 6 位均在亚洲，而中国的香港、上海、深圳分列第一、三、四位。中国已经成为全球海运需求增长的主要动力来源，去年全球海运贸易新增运量的 80% 来自中国。因此，我国的港口经济所带来的迷人前景正吸引着外资排队敲门。

近几年港口业平均利润率一直保持较高水平，并且稳定增长，成为各路投资追捧的对象。从 2003 年开始，大连、天津、青岛、南通、宁波、舟山、茂名、湛江等沿海城市，纷纷将发展港口、特别是建设大型油品泊位作为其城市发展战略的重要组成部分，石油战略储备库建设将使油品运输成为港务局新的利润增长点。

港口大型化趋势更加明显，全国港口货物吞吐量完成40.7亿吨，同比增长23.3%，其中外贸完成11.5亿吨，同比增长19.2%；集装箱吞吐量完成6180万标准箱，同比增长27.0%，继续保持世界第一。随着投资、工业生产的快速增长，能源、原材料等重点物资运输增长迅猛，国内干散货船舶运力趋紧，进口原油、铁矿石接卸能力和煤炭装卸泊位能力不足，部分港口出现了多年来少有的压船压港现象。而港口的投资环境相对其他基础设施行业更趋宽松。目前我国港口管理体制改革已全面实施，所有港口均已交由地方政府管理，包括产权划转，并实行政企分开。2004年6月，《中华人民共和国港口法》正式颁布，2005年1月1日起施行。其中明确提出，国营、私人和外商投资者在投资和经营国内港口时，享有同等待遇，为港口多元化投资和经营提供了法律保障。

（四）水务行业

我国是全球13个人均水资源最贫乏的国家之一，现人均占有量为世界平均水平的1/4，在世界上名列121位。目前我国600多个城市中，有400多个供水不足，严重缺水的有100多个，缺水总量达60亿立方米。国家水利部数据表明，2004年全国水资源总量为24130亿立方米，比常年值减少10%以上；当年全国总用水量为5548亿立方米，与2003年比较，增加227亿立方米，用水综合耗水率为54%。随着中国经济的发展，中国水资源短缺的问题越来越严重。

水务是一个以大投资、长周期、回报率低而稳定为特征的行业，可细分为水的生产与供应、污水处理两个子行业。

1. 供水行业市场规模稳定增长

从我国用水情况来看，2004年我国用水总量为5547亿立方米。从历年供水量看，供水总量基本保持平稳，随着工业大规模节水的开展，工业用水下降明显，而生活用水呈现上涨态势。随着人口增长，城市化发展和经济发展，到2030年，国民经济需水量达到7100亿立方米，其中全国城市用水总量将达到1320亿立方米，复合增长率4.3%，供水行业将保持稳定增长。我国水务产业中的供水行业年产值可从目前的600亿～700亿元提高到1500亿～2000亿元左右。

2. 污水处理行业未来规模增长

由于污水排放量逐年增加，治理污染的速度赶不上污染增加的速度，主要水系水质恶化趋势没有得到控制，劣Ⅴ类水质比例仍然很高。国家环保总局资料表明，2004年七大水系中，一半以上河段受到不同程度的污染，达不到饮用水源的标准；36.6%的河段水质属于Ⅴ类、劣Ⅴ类，其中劣Ⅴ类达到27.9%，已经丧失了直接使用功能。

我国水务产业中的供水行业年产值可从目前的600亿～700亿元提高到1500亿～2000亿元左右，同时城市污水处理率也要从目前的22.3%提高到45%，新增污水日处理能力2600万立方米。专家预计，到2006年，我国水务市场的总投资约需10000亿元。据国家经济发展权威部门预测，水务市场从中长期来看，年增长率将维持在15%左右，投资回报率高于其他行业平均水平，极富投资价值。我国目前污水处理率是45.6%，一大半污水没有得到处理。"十一五"期间的目标是所有城市必须超过60%，重点城市如省会城市、风景旅游城市、环保重点城市，要求污水处理率超过70%。中国计划在未来五年将城镇污水处理能力翻一番，其间蕴含的商机大约3000亿元人民币。

3. 水价上涨是大势所趋

构建"节约型社会"已经成为国家经济建设的主题，相应地，公用事业收费价格提升成为必然趋势。提高水价是促进节约用水的有效办法，全国大部分省市已经或者正在积极准备调升收费的价格。2004年上半年以来，北京、天津等大城市相继出台了上调水价的具体方案。我国各地区水价差别明显，北方水价明显高于南方，同时北方缺水城市的水资源费远远高于南方。2002年2月北京开始征收水资源费，两年多的时间里水资源费上涨了1.1元，而供水价格基本上没涨，污水处理费上涨了0.5元。国外不少发达国家一吨水的价格相当于一、二十度电的价格，而我国大部分地区一吨水的价格相当于二、三度电的价格，水价的理论上涨空间较大。

4. 水务企业盈利水平不断提高

目前水务企业的盈利没有与水价挂钩，供水企业的收入主要依靠与下游企业关联交易结算，而污水处理企业收入依靠政府的转移支付。未来市场化改革使得水务公司产业链的延伸和规模扩张，将给相关公司带来收益。在国民经济增长速度回落的趋势下，我们认为，水务行业由于业绩增长比较稳定，现金流充沛，从而能够很好回避经济景气风险。另外水价的上升，市场化改革与行业整合等因素，也使未来的水务行业具有良好的成长性。当前的水务行业具有较强的投资价值。

预计"十五"期间中国水务市场产值将提高到2000亿元，到2010年，我国水务市场年增长幅度将保持在15%以上。水务是中国最后一个市场化的公共事业领域，从市场经济的角度来看，对水务市场进行改革势在必行。

（五）信息产业

信息产业，要根据数字化、网络化、智能化总体趋势，大力发展集成电路、软件等核心产业，重点培育数字化音视频、新一代移动通信、高性能计算机及网络设备等信息产业群。

（1）由于种种原因被一推再推的3G网络，在前两年的投资热潮中并没有成为热点。根据目前的规划，2005年信产部将完成3G规划及建议并上报决策部门，正式发牌可能将在2006年年中。

根据信产部的预测：3G网络系统投资规模6年累计投资约4300亿元，每年的3G系统投资额平均为360亿元，但3G投资增长是与2G产品（如小灵通、GSM网络）投资减少同步的，因此3G带来的设备投资增长将是温和而不是爆发的。具体投资规模将取决于电信重组格局、3G牌照发放数量及制式选择。

（2）"十一五"规划建议书第三部分"建设社会主义新农村"第9条"大力发展农村公共事业"中提出："发展远程教育和广播电视'村村通'，加快发展农村通信。"目前我国农村人口占总人口近70%，但是通信状况普遍落后，电话、电信基础设施覆盖率极低。据悉，到目前为止，全国还有8.8%的行政村没有通电话。十一五期间，农村通信被列为电信业需要重视的发展领域。

（3）规划建议中提出，要"加强宽带通信网、数字电视网和下一代互联网等信息基础设施建设，推进'三网融合'，健全信息安全保障体系。"十一五规划还对备受关注的电信与广电未来建设的关系做了规定。

从未来发展趋势来看，电信、互联网与广电之间的业务交叉难以避免，例如手机电视、IPTV未来都是数百亿乃至上千亿的市场，但都同时涉及到电信、互联网和广电。

三、建议重点关注投资对象

（一）装备制造业

在国家的"十一五"规划建议中，关于工业经济规划方面的表述，最重要的关键词是"自主创新"和"现代制造业"。十一五规划建议指出，装备制造业，要依托重点建设工程，坚持自主创新与技术引进相结合，强化政策支持，提高重大技术装备国产化水平，特别是在高效清洁发电和输变电、大型石油化工、先进适用运输装备、高档数控机床、自动化控制、集成电路设备和先进动力装置等领域实现突破，提高研发设计、核心元器件配套、加工制造和系统集成的整体水平。由此可见，机械装备制造业被提到了一个极为重要的地位。

1. 大型海洋工程和船舶港口装备

依据国务院对长三角、珠三角和渤海湾三大港口群建设规划，到2010年三大港口群的吞吐能力将至少增加一倍，构筑三条顺畅的综合运输海上通道，着重发展大型的集约化和专业化码头，为经济增长、对外开放和区域经济腾飞提供坚实的物质基础。因而，与此配套，明确提出发展大型海洋港口装备，将重点发展大型矿石、原油运输船和高速重型集装箱船，提升柴油机的核心配件——曲轴、大型船用铸锻件、锅炉发电机组等产品的制造水平。同时发展海洋勘探、开采及加工成套装备。

2. 大型矿山能源装备

今后 5 年，我国将建设和改造 120 座矿井，加快提高资源开采的安全和效率，发展大型环保装备。为此，国家将通过技术攻关制造大型综采、提升与洗选设备及薄煤层采掘设备。大型环保装备和资源综合利用设备方面，急需掌握大断面岩石掘进机及大型施工机械的关键制造技术。

3. 新型纺织机械

包括日产 2000 吨及以上涤纶短纤维成套设备，高效现代化成套棉纺设备，机电一体化电脑织机和喷气织机，棉纺生产线，电脑提花机，高速精编机，产品、工艺参数在线监测系统，高质量、高效、节能环保的产品生产设备等。

4. 数控机床工具

机床是装备制造业的工作母机，实现装备制造业现代化，取决于我国机床发展水平。中国机床市场目前分为中低端和高端两大块。众多的中国企业，通常是国有企业占据低端市场即普通机床，"低端混战"愈演愈烈，但高端市场即数控机床市场则主要由外国制造商，特别是被欧洲、日本的制造商垄断，我国汽车、航空和航天、发电、船舶，特别是军工等行业急需的高技术数控机床 75% 甚至 100% 依赖进口。温家宝总理在辽宁召开的座谈会上明确指出，振兴装备制造业，首先要振兴机床工业，我们要大力发展国产数控机床。

固定资产投资快速增长和汽车、航空航天、模具等工业的迅猛发展是刺激机床行业起飞的主要动力。我国固定资产每投入 100 亿元，将带动 0.8 亿~1.1 亿元的机床市场消费额。轿车产量每提高 1%，数控机床市场消费量就将扩大 0.54%。发电设备、船舶、冶金等大型和重型工业也是机床的主要消费者。在产品供给方面，虽然需求的主流产品在技术上已没有障碍，但由于缺乏规模化生产，产品供不应求。造成了普及型数控机床的大量进口，因此，普及型数控机床将是机床市场上竞争的焦点。

从长期来看，由于我国机床消费还存在着 200 多亿元的贸易逆差和供需缺口，这预示我国机床行业的发展才刚刚起步，仍还有相当大的增长空间。预计未来 3~5 年，我国机床行业产值将保持年均 15% 左右的增长。

5. 水利建设设备

执行国家"十一五"规划和 2015 年远景规划，实施西部大开发战略过程中，我国水利面临解决洪涝灾害和日益突出的水资源与生态环境问题。我国政府把水利问题提高到国民经济基础设施建设的首位，在新的经济计划和发展规划中加大了对水利建设项目的投入。

目前我国西部存在的一个主要问题是缺水，从而影响了农业和相关产业的发展，加强水利建设是很迫切的任务，随着西部大开发的推进，水利方面的投入会加大，设备建设还会继续增加，如水泵、阀门、动力机器、抽水机和喷灌机等。因此水利行业对先进适用水利设备的需求，市场十分广阔。

水利行业对先进设备的需求具体体现在以下几个方面：其一是节约与保护水资源。目前我国水利工程年供水量已达到 5800 亿立方米，农业灌溉用水占 70%。这意味着水利市场需要大量的相关技术与设备。先进的节水灌溉技术与设备，可以节约 40%~60% 的用水量，这对于解决淡水资源短缺具有极为重要的意义。在水资源保护方面，先进的水质监测和污水处理以及水再生利用技术与设备的市场也将十分巨大。其二是防洪减灾工程体系的建设。目前，长江防洪骨干工程有14项。三峡工程建设正在加紧进行。全国各地还要兴建许多大型水利枢纽工程等，这将需要大批水利设备。其三是供水系统。为世人关注的"南水北调"工程正在加紧进行前期工作，尽早开工。供水系统成为解决各地水资源分布不平衡的重要渠道，与供水系统相关的水利设备有着良好的市场前景。

（二）基础能源业

"十一五"期间，在能源领域仍将有着广大的投资机会。讨论"十一五"的能源投资形势，离不开两个重要的坐标：一是"2010年人均国内生产总值比2000年翻一番"；二是单位国内生产总值能源消耗比"十五"期末降低20%左右。前者意味着，未来五年中国经济还要保持一个较快的发展速度，必然要求有足够的能源供应；后者则表明，"十一五"期间随着经济产业结构的进一步调整，包括产业升级换代、采用节能工艺和设备、对能源行业本身的投资改造、采用能源新技术，节能领域也会有很大的投资机会。

1. 煤炭投资：缺口很大

从保障能源供应的角度来看，"十一五"期间，我国煤炭行业的生产能力缺口还是很大的。"煤炭行业的生产能力扩张，产业集中化、集约化、集成度升级的过程，以及安全水平提高的过程，都需要更大的投资。"第一，最近几年煤炭需求增长比较快，"十一五"还会进一步增长。目前国内发电能力的增长主要是靠煤电，而"十一五"期间电力需求将会增长很快。2004 年，电煤 15 亿吨，占全国总消耗的一半以上。预计 2005～2006 年我国电力需求以 10% 以上的速度增长，其中火力发电量增长率分别为 13.26%、12.93%，对电煤总的需求为 10.8 亿吨、12.1 亿吨，同比上年分别增加 1.2 亿吨、1.3 亿吨，增长幅度为 12.22%、11.98%。

第二，近几年煤矿结构的变化也产生了一些投资拉动。比如一些资源枯竭型地区，老煤矿的生产能力到期了，需要退出，必须要有新的生产能力补充上去。

第三，国家对煤炭行业进行产业结构调整，小型煤矿需要扩大生产能力，搞规模化生产，以节约资源和提高效率。

第四，煤矿安全问题已经引起了社会的高度关注。一些非法小煤矿被关掉后，这些生产能力要依靠有规模的大煤矿来补充。而且，整个煤炭行业的安全投资都要增加。

2. 电力投资：趋于理性的快速增长

近几年，我国电力建设呈现冷热不均的特点。一边是电源建设投资过剩，在建规模很大，政府开始清理。另一边是电网投资一直不足，电网公司亏损。2006～2007 年，电源投资要受"十五"期间过度投资的影响，增长会缓慢一些，趋向于理性投资。而电网投资应该一直都是增长的趋势。就总体而言，"十一五"的电力投资还将是一个快速增长的时期。因为全面建设小康社会，电力需求与产业、经济增长是正相关的，跟人均生活水平的增长也是正相关的。我国目前仍然处于资源消耗粗放型发展阶段，电力需求稳定增长，但仍然不能完全满足需求。十六大提出到 2020 年我国 GDP 在 2000 年基础上翻两番的目标，而目前我国年 GDP 的电力消耗保持在 0.16KWH/元左右，按这个数字预计，到 2020 年我国年电力需求将达到 64000 亿 KWH，总装机容量将达到 12.87 亿 KW。电力装机容量的增长速度应该长期维持在 7% 左右。因此从长期来看，电力需求的波动是暂时的，增长是持续的。

3. 电力投资相关配套行业

（1）电站设备行业平稳增长。电站设备是电力设备中技术含量最高的子行业，主要产品为电站锅炉、汽轮机、发电机和水轮发电机。当前国家已经开始对电力建设投资进行宏观调控，但国家调控的方向主要是耗能高、效率低的中小火电机组。对于水电、核电和大型火电机组影响不大。2004 年 1 月到 2005 年 7 月国家发改委共核准大型电站项目 1.21 亿千瓦。表明今后大型发电设备企业机会仍然很多。其行业竞争力和未来前景最为看好。

（2）输变电设备行业销售额增长空间大。我国电力建设的传统是重发电，轻输配电，主网架结构薄弱，经常形成"窝电"现象。根据国外发达国家的经验，输配电和发电资产的比例一般为 60：40，而我国是 40：60。我国两大电网公司已加大电网投资，预计 2005 年将再投资 1500 亿元，今后几年加强城乡电网建设和改造，推进全国联网将是电力建设的重要方向和目标。

历来输变电的行业周期波动性远不如电站行业明显，行业整体受宏观调控影响较小，因此投资需求空间依然很大。但输变电行业、尤其一次设备行业的主要问题是技术含量低，竞争激烈。虽然主营业务收入增长很快，但净利润却停滞不前，主要原因就是各企业的削价竞争。

（3）电力环保设备得到政府鼓励和支持。我国的大气环境污染是典型的煤烟型污染。电力工业的燃煤电厂二氧化硫排放量占我国工业二氧化硫排放总量的40%左右，对我国大气质量环境造成严重破坏。目前我国政府非常重视对大气污染的综合治理。2005年1月27日，国家环保总局要求酸雨控制区和二氧化硫控制区的46家未脱硫火电厂限期整改，使用高硫煤炭的燃煤电厂必须安装脱硫装置。2005年2月17日，京都议定书在全球生效，我国面临更加巨大的环保压力。目前全国已建和在建脱硫装机容量约1330万千瓦，只占全国火电总装机容量3.68亿千瓦的3.61%，未来市场潜力巨大，该行业整体面临很大发展机遇。

4. 火力发电，利润继续上升

2004年我国电力消费始终保持强劲增长态势。全国发电量突破21870亿千瓦时，同比增长约14.8%，全社会用电量达到21735亿千瓦时，同比增长约14.9%；未来几年用电量继续保持快速增长，但增速有所下降。2004年全国新增发电装机在5000万千瓦以上，年底发电装机超过4.4亿千瓦，比上年增长12.6%，为近十年以来增幅首次达到10%以上，电力供给能力获得大幅度提高，但供需缺口仍然很大。受各方面条件的限制，中国未来很长一段时期仍将以燃煤发电为主。2004年国务院批准了国家发改委依据"十五"电力发展规划提出的13个电站项目，这些项目发电装机规模共1188万千瓦，其中火电站就占9个，占装机容量的80%，火电站的建设是2005年发电站建设的主要部分。预计"十一五"期间，国家批准投建的发电机组仍将是火电机组。因此，未来几年内，随着国家"煤电联动"的政策的实施，投资火电的利润空间将有进一步的上升趋势。

（三）建材行业

在"十一五"规划建议中，加快转变经济增长方式、实现可持续发展是一个明显的重点所在。因此，与建材行业发展密切相关的关键词主要有"节约资源、保护生态环境、产业结构升级、调整产品结构、循环经济"等，建材行业在循环经济中扮演着十分重要的角色，是整个社会实现资源循环的一个关键环节。

1. 水泥行业分析

虽然关于有关水泥行业的"十一五"具体规划尚未出台，我们判断"水泥总量控制及结构调整"这一思路将会得到延续，对于新型干法生产线的建设依然会有序推进，但整体步伐可能会有所放缓；对于落后产能的淘汰，我们认为政策淘汰的力度将会进一步加强。此外，"循环经济"也可能成为水泥行业"十一五"规划的一个主题。

"节能减排"是属于循环经济的一个范畴。由于"十一五"规划建议中首次把节约资源上升到一项基本国策，因此有关"节能减排"的概念将得到前所未有的强调。这一概念早在建材行业"十五"规划中就已明确提出单位国内生产总值能耗比"十五"期末降低20%左右，在目前水泥行业面临燃料价格高涨的情况下，节能降耗无疑将成为水泥企业提升业绩的关键手段。我们假设水泥行业能完成降低能耗20%左右的目标，那么"十一五"期间的年均降耗在4%左右，目前水泥生产中煤、电成本约占68%左右（其中煤占38%左右，电占30%左右），我们假设煤、电价格不变，水泥行业的成本以2004年为基准，初步估算水泥行业年节约成本在53亿元左右，水泥行业的利润总额将会提升38%左右。

关于"循环经济"试点概念。在建材行业的"十五"规划中就明确提出对以工业废渣、尾矿、废液、城市垃圾等为原料和燃料进行生产的企业实行减免税等优惠，目前水泥企业在熟料中添加粉煤灰等混合材料磨成水泥，水泥企业通过这种方式变废为宝，而且还能获得国家给予的减免税等优惠，都已成为一种十分普通的现象。此外，目前水泥企业中的余热发电系统也属于循环经济范畴，目前海螺水泥正在大力建设余热发电系统，在华新水泥、亚泰集团等水泥企业中也都有部分生产线已配上余热发电系统。仔细分析"十五"期间水泥行业的运行态势，结合"十一五"规划建议中有关水泥行业的论述，我们认为可以重点关注三类以下领域的投资机会：

第一，把握新型干法水泥企业的投资机会。

新型干法工艺具有能耗低、污染少、产品质量高等优势，"十一五"规划建议把"节约资源"这一主题上升到基本国策，从节约能源这个角度，更加肯定了新型干法生产线，尤其是大型新型干法生产线将是水泥行业发展的必然趋势。

第二，把握分享西部大开发给予水泥企业的发展机会。

我们认为，一方面，在西部大开发步伐加快的前提下，西部水泥市场的需求将会得到进一步激发；另一方面，为了平衡区域间新型干法水泥产能的投放，"十一五"规划中有望加大在西部的新型干法生产线的建设力度。这两方面因素无疑给西部有竞争力的水泥企业带来发展机会。

2. 玻璃行业分析

分析"十五"期间玻璃行业的运行态势，结合"十一五"规划建议中有关玻璃行业的论述，我们认为玻璃行业可以关注四类投资机会：

第一，关注优质浮法玻璃生产企业的投资机会。

从目前玻璃行业存在的结构性矛盾，以及"十一五"规划建议中所强调的产业升级、结构优化等，我们认为优质浮法玻璃将会是"十一五"期间发展的重点。在宏观调控的背景下，优质浮法玻璃企业仍具备一定的投资机会。

第二，把握纵向一体化的玻璃深加工企业的投资机会。

目前玻璃行业存在上游平板玻璃供给过剩与下游深加工能力不足的结构性矛盾，玻璃深加工配套能力的不足使得国内玻璃深加工市场发展潜力巨大。在宏观调控的背景下，玻璃深加工业务一般都具备较强的获利能力，尤其是上下游一体化的玻璃深加工企业，如今年前三季度，南玻A的精细玻璃业务（包括ITO玻璃及彩色滤光片）的毛利率仍高达42%，福耀玻璃的汽车玻璃业务的毛利率也高达37%。

第三，把握节能玻璃生产企业的投资机会。

资料表明，目前我国建筑能耗占社会总能耗的27%左右，其中通过玻璃门窗损失的能耗占到全部建筑能耗40%~50%，随着国家对节能的日益重视，深加工玻璃中的节能玻璃也将迎来发展机会，诸如中空玻璃、镀膜玻璃及Low-e玻璃在未来一段时间内的增速将有望提高，而传统的普通建筑平板玻璃需求则可能出现萎缩。

第四，把握有新能源题材玻璃企业的投资机会。

在"十一五"规划建议中明确提出，加快发展风能、太阳能、生物能等可再生能源。一些特殊品种的玻璃如超白玻璃可用作太阳能光热、光电转换系统的基片，随着国家对可再生能源发展力度的加大，与之相关的玻璃生产企业将有可能从中获益。

3. 新型建筑材料行业

新型建筑材料是建材工业中的新兴产业，主要包括：新型墙体材料、新型防水密封材料和新型建筑装饰装修材料等。从"十一五"规划建议中所强调的"节能降耗"角度出发，我们基本可以把握该行业的发展机会所在。目前我国建筑能耗占社会总能耗的27%左右，与发达国家相比有很大差距，以致建筑能源应用效率仅为发达国家的1/3左右。

国家建设部已提出"到2010年全国城镇建筑总能耗要基本实现节能50%，到2020年北方和沿海经济发达地区和超大城市要实现建筑节能65%的目标"。建筑要实现节能不仅是门窗要实现节能，墙体实现节能也是十分关键的。目前我国所采用的墙体材料仍是实心黏土砖占据主导地位，这不仅耗用黏土资源多，而且能耗也大。国务院已经提出，到2010年底，所有城市禁止使用实心黏土砖，同时随着建筑节能标准的出台，发展低能耗、保温隔热性能好的新型墙体材料必将成为主流趋势，在这种背景下，新型墙体材料生产企业将面临着较大的发展机会。

（四）主要机械行业

1. 仪器仪表行业

受住房制度改革的推动，预计各种水表、电表需求将逐渐趋稳，光学仪器和消费类仪表将能够继续保持目前的增长态势，全年生产增长将在5%左右。

2. 石化通用机械行业

产品多系量大面广的辅助机械，尽管今年以来这个行业生产增幅逐月回落，但与其它机械制造行业比仍是适度的。从主要产品情况看，受海上石油发展的影响，石油钻采、炼油化工设备保持一定增长；气体压缩机、高中压阀门生产与化肥行业生产不景气有关，降幅较大。从目前相关行业发展前景看，今后石化通用机械行业会有转机，生产增长会有所恢复，尤其是国家加大对年产30万吨及以上合成氨、48万吨及以上尿素、30万吨及以上乙烯成套设备等的技术改造会促进需求的平稳增长。

四、谨慎进入以下呈现下滑局面的行业或领域

汽车：据国务院发展研究中心透露，由于大量投资继续进入汽车产业，国内汽车产业的利润将大幅度下滑。今年预计国内汽车产能利用率仅55%，与此同时，国家工商总局日前根据《汽车品牌销售管理办法》公布3463家品牌汽车销售企业名单，显然，经销渠道的进一步收紧将使过剩的产能积压到商家手中，降价在所难免。摩根士丹利日前也发布预测报告认为：尽管中国今年前十个月汽车销量同比增长了11.3%，但由于利润率降至3.8%、投资回报率降至8.1%，同期汽车行业纯利同比降幅将超过50%。不仅如此，摩根士丹利还预测汽车售价会下跌6%，产品利润率下降4%，并称中国汽车市场仍未见谷底。预计随着价格战的加剧，国内汽车行业明年会加倍恶劣，甚至无利可图。

钢铁：今年4月以来钢价暴跌，钢铁行业出现亏损。钢铁企业已实施减产措施，预计全年粗钢产量3.45亿吨。国内市场钢材价格这种低迷状态将制约2006年产能的释放。预计2006年全年钢产量为3.85亿吨左右，增加4000万吨左右，增长12%左右；按固定资产投资消费钢材量测算，明年需增加钢材供给5850万吨，即总消费量为4.285亿吨。

有专家计算，明年过剩钢材量应仍在 4350 万吨左右。

据发改委有关司局介绍，"十一五"期间，我国钢生产能力力争控制在 4 亿吨左右，拟淘汰 1 亿吨落后炼铁生产能力、5500 万吨落后炼钢生产能力。该司在调研基础上，提出了《钢铁工业控制总量、淘汰落后、加快结构调整的通知》，并正在征求有关方面意见，拟将出台钢铁工业宏观调控具体措施。采取的主要措施有：严格执行钢铁产业发展政策，控制钢铁工业生产能力，淘汰落后生产能力，支持技术改造和技术创新，推进钢铁企业联合重组，加强行业自律，加强领导，稳妥推进等。

但从长远看，钢材等金属材料的需求高峰期还会延续下去。随着'十一五'规划的实施，中国将有 15% ~ 20% 的人口进入二线城市，这将进一步扩大原材料消费，对中国目前已高度依赖进口的铜和钢铁等大宗原材料的价格将产生更大的影响。"目前，中国已经是世界上最大的铜和钢材消费国。估计未来十年内中国的铜需求将大增 81%，中国的城市化进程和西部大开发战略将使全球基本金属和贵金属的景气周期发生变化，需求景气的高峰期将被延长。中国的第二轮金属需求才刚刚开始，这一趋势将延续数十年，这将使全球的铜、镍和钢材等原材料的旺盛需求再延续数十年。

农机行业：由于国家继续加强对农业的投入和农产品收购的顺价政策实行，预计大型农机产品生产降幅将明显降低，农业运输机械将保持适度增长，一些小型、专用农机具市场需求将保持平稳。

工程机械行业：宏观调控措施正在持续发挥作用，机械工程行业作为投资品，不可避免的受到一些影响。但还是应该对该行业细分后做具体判断。

（1）铲土运输机械行业受到宏观经济调控的影响最大，2004年2、3季度产量和盈利都急剧下降，但是由于实际需求的推动，2004年4季度和2005年1季度产量持续回升，盈利能力有所改善。装载机行业产能过剩状况仍然没有改观，这将继续影响到公司的盈利能力。

（2）混凝土机械2004年受到宏观调控影响有所回落，但是，客观分析混凝土机械行业的发展规律可以发现，由于受到以下因素的影响，混凝土机械仍然将维持较好的市场状况。其一，政策推动，在2005年12月31日之后，禁止在所有的地级市市区现场搅拌混凝土。其二，商品混凝土相对现拌混凝土的各种优势。例如质量稳定，能够连续浇筑，节约建筑材料，缩短施工时间，随着高层建筑的增加，对于建筑的质量要求更加严格，商品混凝土的品质优势更加明显。其三，商品混凝土价格降低。商品混凝土行业竞争的加剧以及商品混凝土普及使用都将降低商品混凝土的价格，使之更加接近现拌混凝土，从而在经济上更有吸引力，这将会加快商品混凝土替代现拌混凝土的过程。

（3）汽车起重机行业。与固定资产投资相关性较大，2002年之后汽车起重机行业已经经历了3年的快速增长，2005年也应该是一个产销量都比较高的年份，但是2006年之后，随着固定资产投资增长率的下降，汽车起重机行业也将出现一定程度的调整。本轮经济周期的波动将会远小于上次经济周期，固定资产投资规模下降幅度没有上次周期明显，其次，今后2～3年有多项重点工程的建设客观上增加了汽车起重机的需求；再次，汽车起重机行业结构发生明显变化，多个企业退出了这个市场，产能过剩情况有了改观；最后，汽车起重机产品结构有明显变化，整体的盈利能力增强。

（4）物流机械。叉车受到宏观调控的影响很小，周期性非常不明显，统计数据显示，主要生产企业今年 1～3 月的产量已经明显超过 2004 年同期的水平。更值得注意的是，我国的叉车特别是中小吨位的叉车在国际市场上已经具备了相当强的竞争力，出口量近年来加速上升。

（5）纺织机械。纺织机械行业受到纺织品产量影响较大，纺织品配额放开对中国纺织品行业构成实质利好，但是发达国家有可能采用其他特别保障措施对中国的纺织品进行限制，这些因素都将会影响到纺织机械行业。

电工电器行业：从目前电工行业经济运行状况看，行业经济形势将进一步趋好，尤其是国家决定新建电厂和改造老厂所需的 60 万千瓦以下的火电机组将采用国产设备。加强中低压凝汽式机组、老机组和重点主力机组，3 年内停运和报废 1000 万千瓦中低压小火电机组。集中资金加快电网特别是城市电网和农村电网的建设与改造等措施，无疑会促进电工行业的发展。同时，也应看到，由于电工行业一些大型主机厂资金供应受三角债困扰特别严重，这对下一步电工企业的正常生产运行会造成不利影响。

传统建材、有色金属行业：供大于求严重，建材、冶金及有色行业出现供大于求的矛盾。今年前三季度全国水泥产量 73463 万吨，平板玻璃产量 26106 万重量箱，同比分别增长 10.6% 和 15.2%，增速同比减缓 4.7 和 6.2 个百分点。9 月份，重点建材企业水泥混合平均价 278 元/吨，平板玻璃混合平均价 66 元/重量箱，同比分别下降 9 元/吨和 7 元/重量箱，降幅为 3.1% 和 9.6%。9 月末，重点建材企业水泥库存

685 万吨，同比上升 1.3%；平板玻璃库存 1503 万重量箱，上升 65.3%。前 8 个月，建材行业实现利润 201 亿元，下降 15.3%，降幅比上半年减缓 6.8 个百分点。其中，水泥、平板玻璃行业利润分别为 27.3 亿元和 9.6 亿元，下降 70.2% 和 36.5%。

在有色金属行业，前三季度，10 种有色金属产量 1140 万吨，同比增长 15.2%，增速同比减缓 1.4 个百分点。其中，电解铝产量 536 万吨，增长 17.6%，比上半年减缓 0.3 个百分点；铜、铅、锌产量分别增长 19.6%、24.5% 和 2.6%。由于铜等多数有色金属价格达到历史高位，前 8 个月有色金属行业实现利润 380 亿元，增长 60%。其中，有色金属矿采选业利润 125 亿元，增长 1.3 倍，增利额占有色行业的 49.3%；铜冶炼行业利润 32.1 亿元，增长 1 倍。电解铝行业由于产能过剩严重、生产成本上升较快、市场价格持续下跌，利润大幅下滑，企业生产经营较为困难。

传统轻工产业：开始潜伏危机，服装、低端电子产品和食品等中国传统出口商品，平均边际利润率只有 1%～3%，随着工资水平的提高，尤其是人民币升值的加快，这些行业将失去国际竞争力，利润空间将进一步被压缩。

房地产：市场井喷期已过，今后我国房地产市场类似前些年由于城市大规模开发与拆迁促发的房地产繁荣景象已经不复存在，房地产井喷式需求将转化为常量需求。2006 年房地产投资将比 2005 年有所下降，预计增长率为 15%～18% 之间。根据北京和上海商品房成交结构和分布分析，商品房全部适销阶段已经完全成为过去，而品牌产品和品牌开发商已经开始闪现。预计 2006 年有 20% 开发商的产品依然是非常畅销，并且他们产品的价格依然会有上涨空间；而另外30%开发商的产品销售则是一般；还有50%开发商的产品有滞销的可能。中国房地产的空置率将表现为结构化和差异化的特征，而房地产产品和品牌将呈现集中化的倾向。

五、"十一五"规划有可能带来的区域投资机会

"十一五"规划首次提出了区域互动的新机制，要形成东中西互动、优势互补、相互促进、共同发展的新格局。《建议》首次对东、中、西、东北这"四大板块"的战略布局进行了完整的表述，即继续推进西部大开发，振兴东北地区等老工业基地，促进中部地区崛起，鼓励东部地区率先发展。并首次明确了区域协调发展的"四大机制"，即市场机制、合作机制、互助机制和扶持机制。这对于促进区域协调发展，构建和谐社会意义重大。

首次指明了推进城镇化的道路。即不能走美国式的"地毯式"的城镇化道路，而要节约土地，走集约型的、紧凑型的城镇化道路，强调"城市群"的概念。这要求在一定的区域范围以一个或两个特大城市为依托，强调大中小城市功能的协调分布。各个城市分别承担各自不同的功能，如工业功能、商务功能、教育功能、休闲功能。城市间有便捷的交通网络连接，可以频繁往返进行商务活动，城市间有永久性的绿地空间相间隔。

首次把推进天津滨海新区的开放开发放在与上海浦东新区等地同等重要的位置。在过去几年，上海浦东新区的快速发展举世瞩目，带动了

整个长三角的腾飞，此次强调推进天津滨海新区的开发，推进环渤海地区区域经济的形成，意味着拥有研发优势的滨海新区将与深圳、浦东一样，对京津冀乃至北方地区经济产生深刻影响。

（一）首次提出新的四大经济区

长三角、京津冀、成渝地区及东北老工业基地将成为国家规划中重点关照的对象。值得关注的是，国家重点关照的四大经济区中，多了成渝，少了珠三角。长三角、京津冀、成渝以及东北，都跨越了两个以上的省级行政区，区域经济与行政区划的矛盾在过去一直相对突出。跨省的合作，就需要超越省级的指导和调控。珠三角则不同，它可以看做广东的"省内矛盾，珠三角的规划应该由广东省来做。另外一方面，作为中国最早对外开放的地区，珠三角其产业布局已经形成，区内资源、空间也已经难以提供"再布局"的可能。

（二）目前不少地区已经确定了发展目标

全国各地在"十一五"规划建议中纷纷制定了结合自身优势的未来发展目标与指标，下表是目前已经在规划中确定了发展目标的部分城市与地区。

六、在产业转移中寻找投资机会

（一）FDI涌入中国：国际制造业向中国的大规模转移

1999～2004年，中国进出口贸易额增长了两倍多。这背后很重要的一个原因就是国际制造业向中国的大规模转移。亚洲成为发达国家制造业转移目的地已经由来已久，马来西亚、新加坡等国是典型代表，中国成为其中的主力军则是 1990 年以后的事了。

1990～1996 年，在流向亚洲新兴经济体的私人资本中，42% 是通过直接投资的途径。2003～2004 年流向亚洲的私人资本有超过 1/3 选择中国作为目的地，与此对比鲜明的是另一个亚洲大国印度仅占 10% 的份额。由于中国金融市场结构比较单一，且实行资本管制，流入资本大多采取直接投资的形式。因此在流向亚洲的 FDI 中，据估算更有超过一半的流向了中国。

由于中国 20 多年的改革开放，无论基础设施、配套能力，还是法制环境、开放程度，都越来越成为吸引 FDI 的重要原因。再加上中国比较年轻的人口结构和庞大的农村富余劳动力群体，使得过去 10 年产业工人的实际工资增长幅度非常小，远远低于 GDP 甚至是人均收入水平的增幅。在发达国家公司成本结构中用于工资、福利的比例部分不断上升的时候，价格低廉、数量庞大且教育程度良好的劳动力对于国际产业资本的吸引力非常大。事实上，中国输出的大量廉价商品也已经成为拉低全球通胀水平的重要力量。

我们认为，虽然爆发式的增长过程也许已经基本结束，但通过 FDI 形式实施的国际制造业向中国的大规模转移仍将持续很多年。

（二）地区差异导致产业转移：以沿海和准沿海为例

中国是一个地域非常广阔的国家，以人均收入来衡量的地区间差异也非常之大。

1. 粤沪苏浙是中国的"增长极"

广东、江苏、上海、浙江，这四个省份经济总量大，人均收入水平也较高。

在过去的 20 多年中一直是增长的主要动力，长三角、珠三角更是因此被称为中国经济的"增长极"，2004 年底上述四省的 GDP 规模占全国比重已经超过 30%。

同时，这四省的增长速度也是一直高于全国平均水平的，将这四省与其他省份分开比较，我们可以发现经济总量较大的省份也是增速较快的地区。尽管，到 2004 年领先的幅度出现了近几年来的第一次缩小。

毋庸置疑的是，粤沪苏浙在很长一段时间内仍然将是中国经济的"增长极"，并且将对临近省份产生辐射效应。

2. 地区差异给"准沿海省份"带来机会

欧盟扩大以后，出现了新加入的低收入国家争夺发达国家的工作机会，尤其是制造业岗位的争夺现象。原本不受影响的部分服务业由于 IT 技术的发展，工作岗位也不断向低收入地区流失。中国的领土面积与欧洲相仿，省份之间的差异性也不亚于欧洲。不同经济发展程度的地区间开始产业的转移、渗透，原理与国际产业转移是一样的。其过程则由于没有跨境调动资本的繁琐过程而更为流畅。

我们难以获得准确的直接数据来表明国内近几年地区间的产业转移、渗透的发展程度，但是可以通过一些间接指标获得一些有价值的信息。我们看到，与"增长极"相邻的山东、湖南、安徽、江西、湖北等省份，2004 年人均工资只有上海的一半不到，相当于浙江、广东工资水平的 60% 左右，比江苏的水平也要低 30%。再考虑到物价、地价、办公费用等因素，其成本优势非常明显。

以这些"准沿海省份"中近年来发展迅速的山东省为例，2004 年山东超过江苏成为 GDP 总量第二大的省份，并且成为了增长最快的省份，但人均工资水平还是保持了与其他准沿海省份基本相同。山东的快速发展有多方面的原因，但我们相信，完善的基础设施、相对便捷的交通加上明显低于长三角的人工成本，是山东吸引国际国内资本的重要优势。

与内地相比，沿海省份的优势在于：高收入与生活水准吸引的人才、完善的基础设施、便捷的国际航运、强大的配套能力；劣势则在于：不断上升的办公成本与运行费用、人力成本。准沿海省份的优势则在于：工资较低、交通与IT技术发展使得产业转移可行度提高；劣势则在于：产业配套能力、制度环境、政府行为不规范等等。我们看到的是，准沿海省份除了具有低成本优势之外，其他产业发展所需的软环境正在逐步改善。

近两年，在原材料不断上涨的压力下，长三角、珠三角地区不断上升的商务成本，令制造业厂商备感压力。而在江浙沪等地，由于土地供应有限，对于投资强度也提出了要求。按照苏州工业园区的要求，每平方公里的投资强度须达15亿美元。为此，一些制造企业开始将生产基地向内地转移。上海通用落户烟台，中芯国际向北京、天津、成都扩张，联合利华向合肥转移，正汇聚成这一新的潮流。在江苏，一些产业也开始在政府的引导下由苏南向苏中、苏北转移。由于这些产业转移时，还将带动相关配套产业跟进，各地方政府正极力捕捉这一机遇，竞相招纳知名企业落户。南昌即提出要抓住制造业"退沿海进中部"的趋势，尽快做强做大汽车、医药和食品业、电子信息和家电、纺织服装、新材料等五大支柱产业。烟台的统计则显示，上海通用落户后，通用配套体系的零部件生产商纷纷跟进，相关服务业也随之兴起，由此可望为当地增加数万个就业机会，烟台开发区黄金地段的楼价平均每平方米也上涨了 400 元左右。

　　总之，未来五年，在中国的产业发展、城市化进程以及区域经济重新布局的过程中，很有可能出现大规模的"梯级"产业转移，这其中蕴藏着巨大的商机。通过以下的地区规划附录可以粗线条的了解一下大概哪些行业在哪些地区会迎来比较好的发展机遇。

附录：地区及城市主要规划动向

北京篇

"十一五"期间北京将以高端、高效、高辐射力产业为重点，这是北京市委九届十次会议就北京市"十一五"发展规划提出的新目标。"十一五"是经济发展的关键时期，为了首都经济又快又好地发展，北京市将着力发展高端、高效产业。按照这个目标，未来五年北京高技术产业的重点是：软件产业、集成电路、信息网络、生物工程和新医药、新材料、新能源等产业。现代制造业则以电子通讯设备制造、汽车制造、装备制造、生物医药、光机电一体化、石化新材料等六大行业为主。中共中央政治局委员、北京市委书记刘淇认为：实现首都经济又快又好地发展，必须推动产业结构的高级化，扭住产业发展的高端，充分利用好、挖掘好、整合好首都优势资源，大力发展高端、高效的产业，形成多点支撑、多支柱的产业格局。在未来五年的经济发展上，北京特别提出把现代服务业放在优先发展的位置。在金融、文化、现代物流、旅游会展、信息服务、科技服务、中介服务等产业，运用现代经营方式和信息技术等高技术改造提升传统服务业，推动服务业与制造业的融合发展。在建设创新型城市方面，重点是提高自主创新能力，中关村园区要成为抢占世界高技术产业制高点的前沿阵地，企业将成为创新主体。为此，北京将进一步完善自主创新的激励机制，营造有利于自主创新的环境。同时，在提高城市管理水平、统筹城乡发展方面，北京也提出了一系列发展方案。

天津篇

天津市交通海陆空行业规划在"十一五"期间加大对交通基础设施的建设，天津港、天津机场、公路、铁路、管道运输方面都将有新的发展。

天津港将积极适应国际航运业船舶深水化、大型化、专业化发展需要，加快深水航道建设，拓展港口发展空间，加快北疆港岛的开发和防波堤、锚地等公用基础设施建设；北疆港区将加快集装箱码头和集装箱物流中心建设，南疆港区以适应国家能源、原材料运输快速增长的需要，加快深水大型原油、矿石、煤炭泊位建设，适时建设液化天然气码头。

天津机场要以实现京津航空一体化为核心，实施候机楼、跑道、停机坪、停车场及相关配套设施等的改建和扩建，满足长远发展需要。同时加强外围交通衔接工程建设，具体包括京津机场间快速轨道交通建设，将市内轻轨或地铁沿卫国道、津汉公路引入机场东西航站楼，在航站楼设站，引入京津塘高速公路、津滨高速公路贯通机场东西航站区，分别将卫国道、津汉公路、津北公路引入机场。

公路方面，重点建设唐津高速公路天津南段、津蓟高速公路、津晋高速公路、京沪高速公路天津北段等，将天津公路建成公路主枢纽。

铁路方面，配合国家建设好京沪高速铁路天津段和西站改造，津秦高速铁路；增建京津间四线、南疆港前编组站，汉沽港至周李港至李庄铁路联络线；改造南仓编组站东端立交疏解、枢纽东南环线或增建二线；促进通往西北方向的（保定—霸州、太原—中卫）铁路建设；建设铁路国际集装箱运输基地。

管道方面，重点对天津港油码头至沧州沧石化至石家庄石炼化和天津港油码头至北京燕山石化之间的输油管线的建设。逐步扩大管道运输量。

"十一五"期间，天津市将抓住滨海新区纳入国家发展战略布局的历史性机遇，继续以高速公路建设为重点，加大一般干线公路和农村公路的建设改造力度，基本建成以天津港为龙头，以中心城区和滨海新城为双核心，通达"三北"腹地和华东、华南地区，便捷连接京津冀都市圈各大中城市，直达周边城市和市域内 11 个新城，覆盖重要的中心镇、旅游休闲景区、经济技术开发区的高速公路网络，以及与之配套的一般干线公路和农村公路网络，实现市域内各新城与中心镇之间均有二级及以上公路相通，农村公路全部达到四级以上的等级公路标准。

"十一五"期间，天津市按照建设集约型、节约型、生态型城市的发展模式，和乡镇城市化发展需求，积极发展市区和包括武清、宝坻、静海、蓟县等新城区天然气居民用户，到 2010 年全市天然气居民用户将达到 256 万户，比"十五"末增长一倍多。城镇居民燃气气化率达100%。为配合居民用户发展，还将建设天然气低压管网 2100 多公里。在保证居民用气的同时，积极发展工业用"绿色能源"；发展以天然气为能源、能够制冷、供热、发电三联供的天然气空调，以减轻城市供电压力；发展天然气汽车等清洁能源项目。

山西篇

在化肥、甲醇、电石乙炔、粗苯和煤焦油加工 5 个重点煤化工行业，高耗能项目将被全面禁止，先进的煤化工技术将被采用和推广。节约能源、打造"节能化工"，成为山西省化学工业刚刚编制完成的"十一五"发展规划的主题。

该省规划从5个重点化工行业着手协规范和推进能源节约进程。化肥行业要采用先进的煤气化技术；甲醇行业要鼓励在焦炭工业集中区域发展焦炉煤气集中加工制甲醇项目；电石乙炔行业要发展25000kVA以上密闭式电石炉，推广电石炉微机控制技术、除尘和尾气利用新技术，回收利用粉料和炉气热能；煤焦油加工利用行业应考虑焦化企业布局、下游产品总量、资源利用率、工艺技术、产品二次开发等因素。禁止建设10万吨以下煤焦油加工装置，鼓励采用连续精馏工艺建设单套装置加工能力15万吨以上的煤焦油加工装置。鼓励对煤焦油加工产品进行二次集中加工；粗苯加工利用行业要加强宏观调控与行业管理，禁止新建并逐步淘汰现有酸洗法苯精制装置和工艺，采用先进的粗苯加氢精制工艺和粗苯萃取精制工艺，提升粗苯加工业发展的质量和效益。

河北篇

从河北省委六届八次全委会上获悉，"十一五"期间，河北将加大铁路、港口、航空等立体交通网络建设投资力度，仅高速公路建设一项就将投入约860亿元，总通路里程将达4450公里。

河北是我国高速公路建设比较多的省份，目前境内已有京深、京沪、石黄（骅）、石太、京张、京沈、津保等高速公路通过，北京到承德及过境河北的青银、青红等路段也正在紧张施工中，不久将正式投入运营。河北省常务副省长郭庚茂说，"十一五"期间，河北省将在高速公路建设上投资约860亿元，进一步完善"五纵六横七条线"的高速公路网。

10月21日，增加煤炭运输能力的重要工程河北迁（安）曹（妃向）铁路正式开工建设，这一工程总投资约48亿元，设计能力1.3亿吨以上，将为实现大秦线4亿吨运量目标提供重要保证，工程计划于2007年底开通使用。以此为代表，河北省规划中的石太、迁曹、京石、京（津）秦客运专线等8个铁路项目陆续拉开帷幕，这些铁路全部建成后，河北全省铁路通车里程将达6510公里。

山东篇

《山东省国民经济和社会发展第十一个五年总体规划纲要（草案）》（下称《纲要》）已经提出，今后5年，山东省经济增长目标定在年均增长10%左右，到2010年全省经济总量（GDP）将达2.9万亿元，人均3800美元左右。而去年，这一数字仅为人民币1.15万元。

建设"一群一圈一带"

"半岛城市群"是《纲要》规划的重点。《纲要》提出，"十一五"期间，"半岛城市群"的8个市要成为全国"开放程度最高、发展活力最强、最具核心竞争力的地区之一"。2010年"半岛城市群"的GDP总量要达到2万亿元，人均6000美元，城市化水平要达到55%。

《纲要》同时提出，要将济南建设成带动辐射淄博、泰安、莱芜、德州、聊城、滨州的大都市圈，使其成为山东省发展的新经济增长点。

此外，与江苏、安徽、河南等省交界的鲁南地区将建设"鲁南城市带"，目标是成为山东省重要的能源和煤化工基地、优质农产品加工基地和商贸物流基地，5年投入8万亿元。

加大固定资产投入被《纲要》确定为保障山东"十一五"经济增长的首要条件。《纲要》要求，接下来5年的固定资产投资年均增长率要达到18%，5年累计投资要达到8万亿元。

"十一五"期间，山东将加大电力建设投资，使全省新增发电装机3100万千瓦，总容量达到6750万千瓦，其中包括启动3个核电站项目。

与此同时，山东省明显调低了煤炭、石油的生产预期。《纲要》要求，到2010年山东省的煤炭年产量稳定在1.5亿吨，石油年产量稳定在2500万吨左右。预计的2010年山东煤炭产量与2004年的14646万吨相比变化不大，而石油产量与2004年的2674万吨相比，还有下降。

交通设施建设仍是重点。山东省目标是，到2010年，高速公路通车里程将由目前的3000公里增加到5000公里。沿海主要港口的货物吞吐量要达到6亿吨，集装箱达到1400万标准箱。山东省将努力建设东北亚国际航运中心，而青岛要建设成为北方国际航运中心。

济南：济南市"十一五"期间重点发展现代都市农业。"十一五"期间济南市主要建设三大农业经济板块：一是提升中心区。主要依托城市技术、资金、人流密集优势，大力发展农产品流通业，建设农产品贸易中心和物流中心。二是做强近郊区。主要依托近靠城区的区位优势，大力发展农产品精深加工和观光旅游农业等现代农业园区，建设现代都市农业示范区。三是突破远郊区。主要依托农业资源、土地资源丰富的优势，以"优质、高产、高效"为目标，大力发展设施农业，建设高效经济作物和优质粮食主产区。

陕西篇

陕西省召开的固定资产投资和"十一五"重大项目建设工作座谈会上透露，"十一五"期间该省预计投资6000多亿元打造能源、化工、交通、装备制造、环境保护和生态建设等10大工程，安排230多个项目。其中能源化工预计投资2600多亿元，将建1.2亿吨煤矿、1000万吨原油、60 亿立方米天然气、1700 万千瓦火电、神华陶氏煤制烯烃、神华 300 万吨煤液化、兖矿 100 万吨煤液化、兖矿 230 万吨煤制甲醇等近 30 个项目，以实现能源资源的三个转化。

陕西省计划"十一五"期间争取中央专项资金 50 亿元，省级养路费及交通厅统贷安排 40 亿元，力争省财政安排预算专项资金 15 亿元，市县自筹 95 亿元，共安排 200 亿元改建县乡油路 7500 公里，新铺县乡油路 1 万公里，改建、新建村道 3.4 万公里，让更多的农民出门就走上致富路。

河南篇

"十一五"期间河南省农村公路建设的基本思路是：到 2006 年，基本解决农村公路有路无桥、路宽桥窄、断头路等问题；2007 年，实现全省所有行政村通油路或水泥路，大多数行政村通客车，基本解决农民出行难；到 2010 年，实现平原区多数自然村、山区一部分自然村通油路。5 年建设农村公路 10 万公里，实现"村村通"目标，彻底解决农民出行难问题。

"十一五"期间河南要把纺织工业作为支柱产业来抓，努力把河南建成高标准新型纺织工业基地。按照河南省纺织工业"十一五"发展规划中，重点"建设全国优质棉纺基地，培育中西部终端纺织品制造中心，发展化纤、织造和纺机三大行业，壮大 20 个特色产业集群"的发展定位和布局，河南纺织工业"十一五"期间将重点建设项目 307 个、总投资 441 亿元，预计新增销售收入 1034 亿元、利税 161 亿元。预计到 2010 年，河南棉纺生产能力可达到 1500 万锭（含气流纺），织机 12 万台，纱、布、化纤、服装产品分别达到 220 万吨、42 亿米、100 万吨和 22 亿件。

郑州："十一五"期间，郑州市以煤炭为主的能源结构得不到根本改变，烟尘、二氧化硫的排放将对大气环境造成巨大的压力。日前，郑州市环境保护"十一五"规划开始接受专家评审。按照规划，未来 5 年内，本市用于环境治理的资金将达到 206.85 亿元。

按照规划，郑州市确定了 84 项环境保护重点工程，总投资预计约 206.85 亿元，其中实施环境监管能力建设资金 9.72 亿元，城市垃圾处理、危险废物处置资金 8.62 亿元，城市污水处理资金 20.84 亿元，燃煤电厂脱硫资金 15.64 亿元，污染综合治理资金 51.40 亿元，重要生态功能保护区建设资金 40.16 亿元，其他方面预计 60.47 亿元。

湖北篇

"十一五'时期，湖北要努力成为在全国有重要影响的以光电子信息为重点的高新技术产业基地，以汽车、钢铁及深加工、石化产品为重点的现代制造业基地，以粮油、淡水产品深加工为重点的优质农产品加工基地。

经初步规划，全省生产总值今后 5 年年均增长 10%，到 2010 年达到 13600 亿元；与此相对应，期间工业发展速度必须保持在年均增长 11% 以上。

其中，湖北省将全力支持东风汽车公司与跨国公司合资合作；加快汽车零部件发展，提高为东风公司及其他汽车集团配套的能力，争取 2010 年，全省整车生产能力达到 130 万辆、主要汽车零部件配套能力达到 100 万辆份。

在"蓝图"的指导思想中，还强调了"大力发展循环经济，鼓励支持企业提高资源综合利用率和节能降耗水平"。

武汉：武汉市政府审议的"十一五"规划基本思路提出，"使武汉成为中部崛起的重要战略支点"，将是"三大目标"之一。另外两个目标是，在全面建设小康社会、基本实现现代化方面走在中西部前列。坚持"两业并举"（现代制造业和现代服务业），增强"两通优势"（交通、流通），开拓"两个市场"（国际、国内），实施"两大计划"（社区建设"883"计划、农村"家园建设行动计划"），建设"三区、四网"（武汉新区、武汉化工新区、王家墩商务区，综合交通网、信息网、市政设施网、绿色生态网）。

"十一五"（2006~2010年）期间，武汉交通基础设施投资累计将达到538亿元，为"十五"期间的3倍多。据介绍，这538亿元主要投向武汉7条高速出口路的建设，以及阳逻长江大桥、天兴洲长江大桥、天河机场二航楼等项目建设。

湖南篇

根据湖南省委《关于制定湖南省国民经济和社会发展第十一个五年规划的建议》要求，"十一五"期间，湖南省总的发展目标是：到2010，GDOP总量突破1万亿元，人均GDP力争达到全国平均水平。总的发展战略是：坚定不移地推进工业化、农业产业化和城镇化进程。为实现这一总体构想，湖南将从以下方面重点推进：

推进产业结构升级，有三个重点：一是工业化，集中培育10大优势产业，实施一批投资过亿元的重大项目。二是农业产业化，集中培育湖南有优势的粮油棉麻、畜禽水产、果蔬菜、竹木和烟草等产业链。三是服务业，做大做强旅游、文化等特色产业，有序推进现代金融、物流等新兴产业，改造提升零售、餐饮等传统产业。

推进区域协调发展。主要有两个重点、两大任务。两个重点，一是要突出加快"一点一线"特别是长株潭地区的发展；二是要突出加快湘西地区的开发。两大任务，一是建设新农村；二是推进城镇化。

江苏篇

"十一五"江苏主要目标：经济总量保持在全国领先行列，全省人均生产总值力争2010年比2000年增加2倍左右。

"十一五"期间，江苏将建成南京、苏州、南通、镇江、连云港5个亿吨港；形成集装箱、铁矿石、原油、煤炭四大重点货种专业化、集约化布局；完善海运直达、江海转运和长江中上游与内陆地区中转联运三大运输系统；初步建成苏州太仓、连云港两个远洋集装箱枢纽港；实现港口吞吐能力翻一番，达到9亿吨

南京：南京"十一五"时期经济社会发展目标：实现国民经济持续快速协调健康发展和社会全面进步，2007年全市全面建成小康社会，到2010年取得基本实现现代化的重要阶段性进展，为2012年基本实现现代化奠定坚实基础。

十一五"时期，南京将坚定不移地推进新型工业化，培育一批具有较强竞争力的重点企业和名牌产品，大力发展先进制造业，提升电子信息、石油化工、汽车、钢铁等优势产业，重点发展软件、生物医药、新材料、新光源、文化五大新兴产业，力争发展速度与水平在全国领先。

江西篇

在江西省确定的2005年及"十一五"初期将实施的120个重大工业项目中，今年将建成投产的重大工业项目有21个，其中包括总投资

12.9亿元的江西昌河铃木10万辆轿车项目、总投资8.3亿元的江西昌河铃木15万台发动机、总投资5.8亿元的江铜集团6000吨电解铜箔和巨石集团九江公司3万吨无碱玻璃纤维池窑生产线等项目。今年计划新开工的重大工业项目有28个，包括总投资154.2亿元的新钢400万吨薄板项目、总投资36.5亿元的江铜股份新建30万吨铜冶炼以及总投资45亿元的江铃30万辆汽车等项目。此外，估算总投资10亿元的远东纺织城项目、估算总投资10亿元的荷兰RDM公司合资合作项目和上饶客车与德国奔驰客车及西马房车合作等12个重大工业项目，正在紧锣密鼓开展前期工作。

据悉，江西这120个重大工业项目的实施，将迅速壮大江西经济总量，提高工业实力，从而增强工业对农业的反哺能力，建立起促进农业发展和农民增收的长效机制，使该省农业的基础地位更加稳固。

江西交通建设"十一五"规划已初步敲定，到2010年江西省高速公路通车里程将突破3000公里，实现各设区市有高速公路直接相通，省内各县城1小时内进入高速公路网。

浙江篇

"十一五"期间浙江经济社会发展目标是："地区生产总值年均增长9%左右，到2010年达到20000亿元左右，人均生产总值达到40000元左右，综合实力和国际竞争力显著增强，城乡、区域协调发展取得更大进展。"

"十一五"期间，浙江将积极推进长三角经济一体化进程，推动浙沪、浙苏主要城市的市场互通、产业互补、设施共建、信息共享、环境共保，加强长三角金融合作。同时，浙江企业要"积极参与中央关于西部大开发、东北老工业基地振兴和中部崛起等战略部署的实施，继续做好对口支援和对口帮扶工作，深化与东部沿海省市和港澳台地区的合作与交流"。

四川篇

四川的规划纲要中提出了三大发展目标。"十一五"期间全省地区生产总值年均增长9%以上，全省人均地区生产总值在2000年基础上提前翻一番；全省"十一五"期间单位生产总值能耗比"十五"期末降低20%左右；"十一五"期间，全省总人口控制在8900万人以内，到2010年城镇居民人均可支配收入达到11000元，农民人均纯收入达到3900元以上。城乡居民的居住、交通、文化、卫生状况和环境条件有明显改善，人均期望寿命达到78岁。

在贯彻十六届五中全会精神、谋划"十一五"发展之际，省委、省政府审时度势，作出重大战略决策——工业强省！

重庆篇

重庆市发改委向在渝十届全国人大代表介绍重庆市十一五规划编制情况时说，总体目标已出台，力争十一五期间重庆市GDP年均增长10%。

重庆市将发展四大重点产业，形成"一大三强"，即壮大汽车摩托车产业，培育做强装备制造业、资源加工业和高新技术产业。在这些计划的投资项目中，汽车和摩托车业是重点。该市规划实施400个汽车、摩托车项目，总投资为500亿元。计划在5年后，汽车产销量要达到150万辆，占全国产销量的15%；摩托车产销量达到900万辆，占全国的份额由目前的30%左右上升到50%。同时，重庆正加速构建三大化工基地，积极争取炼油石化项目，以改变一直以来汽车摩托车"一枝独秀"的格局。据重庆市经委宣布的消息，重庆计划投资上千亿打造"百亿化工项目集群"。

国家有关部门和相关省市已达成共识，联手打造长江黄金水道。上海要打造成为国际航运枢纽，重庆的寸滩港则将成为其货源依托地，上海方面已打算入股寸滩港47%或50%，上海重庆将共同打造长江黄金水道。

福建篇

发展目标：2007年全省地区生产总值比2000年翻一番，2008年人均生产总值比2000年翻一番，年均经济增长速度比全国平均水平高1～2个百分点。2010年地区生产总值超过10000亿元，人均地区生产总值超过28000元，财政总收入超过1200亿元。资源利用效率显著提高，单位生产总值能源消耗继续低于全国平均水平。海峡西岸经济区九大支撑体系基本形成，经济竞争力和综合实力显著增强。

以福州、厦门、泉州三大中心城市为核心，以区域中心城市为骨干，以发展中小城市为基础，加快建设规模结构组合有序、功能定位优势互补、发展布局科学合理、资源要素有效集聚、基础设施比较完善的海峡西岸城市群，不断增强城市的带动和辐射作用。

建设厦门国际航运枢纽港和福州、湄洲湾（南、北岸）主枢纽港，加快发展宁德港、漳州古雷港，逐步形成规模化、大型化、信息化程度较高的现代化海峡西岸港口群。加强港口配套设施建设，合理确定港口与周边城市、港口与临港产业的发展功能。加快推进"二纵三横"快速铁路网、"三纵七横"高速公路网、"八纵九横"省级干线路网建设，

完善空港发展布局和机场基础配套设施

发展壮大港口物流业、临港工业、海洋渔业、滨海旅游业、船舶修造业等主导产业，积极培育矿产能源业、海洋制药业、海洋信息服务业等新兴产业，进一步扩大海洋经济总量，提高海洋资源综合开发利用的广度和深度。

广东篇

发展目标：经济保持平稳较快发展，全省生产总值年均增长9%以上，实现2010年人均生产总值比2000年翻一番；经济增长的质量和效益明显提高，增长方式进一步转变，单位生产总值能源消耗比"十五"期末降低13%以上；经济结构更趋合理，自主创新能力显著提高，产业和城市竞争力明显增强，城乡区域协调发展取得新突破。

广州：广州"十一五"规划提出的主要目标包括：全市生产总值预期年均增长12%，期末人均生产总值达到1万美元，单位生产总值能源消耗比"十五"期末降低20%，高新技术产品产值占工业总产值比重预期达到30%，城镇居民人均公共绿地达到15平方米，人民生活迈向富裕型小康，社会治安进一步好转。

广州"十一五"规划对城市发展区域功能定位作了进一步明确，在实施"南拓、北优、东进、西联"城市发展战略的基础上，提出了"中调"的新战略，把优化中心城区发展作为城市建设的重要组成部分。

在城市基础设施建设上，广州"十一五"规划提出，力争到2010年实现建成255公里地铁的目标；积极参与建设以广州为中心的珠江三角洲城际快速轨道交通网络；推进广州港南沙港区二期工程建设，进一步完善其作为沿海主枢纽港的功能；增强广州作为全国公路主枢纽和华南"信息高速公路"主枢纽功能的地位，为珠江三角洲和华南地区人流、物流的快速集散提供高效平台。

深圳：深圳"十一五"经济和社会发展思路初步确定。未来五年经济社会发展的战略目标是：到2010年特区建立30周年，GDP总量比2005年翻一番，人均GDP达到1.2万美元。2006年到2010年初步确定为经济社会发展创新调整的五年，目标是建立比较完善的社会主义市场经济体制，率先基本实现社会主义现代化。

深圳已经全面启动了"十一五"规划的编制工作，确定了产业结构提升、人才资源、自主创新能力、社会和谐作为深圳未来发展几大重要方面。

产业发展思路：以调整结构、创造品牌和优化布局为任务，以电子信息产业为主导，以适度重型化制造业为重点，以现代服务业为支撑，全面实施"整合、链接、提升"的发展策略，加快形成高新技术产业、现代物流业、现代金融业和现代文化产业4大支柱产业。

市域功能：在原有基础上对深圳的城市发展和市域功能进行统筹考虑，实施"深港合作圈""大珠三角合作圈""泛珠三角合作圈"三个"圈层"的区域合作框架，建设"两带三区六园"的市域产业布局等。

（本文完成于2005年方志国、郑磊）

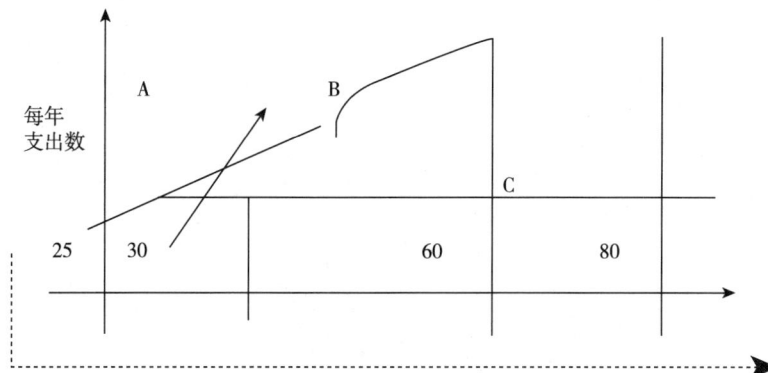

生命周期消费理论与人口结构分析

    人口结构的不平衡演化会带来经济的周期性波动。影响人口结构的因素是很多的，但政府当局应结合各种影响因素，制定合适的人口政策，使人口结构分布处于一个较均衡的状态，具体来说就是使抚养人口与被抚养人口比例处于一个大抵对等的状况，这样人口的演化具有结构的稳定性，从而保证较稳定的消费与储蓄，使经济能够健康稳健的发展。

摘要：生命周期消费理论从个人或家庭的生命周期角度出发，阐明了消费的稳定性及其决定因素与特征，揭示出一国的国民储蓄与人口结构的关系进而与经济波动的内在联系。因此，合理设计人口政策使人口结构处于一个相对均衡的分布状态是一项紧迫的事情。

关键词：生命周期 国民储蓄 人口结构

一、生命周期理论及其验证

生命周期收入假定的消费理论认为家庭消费取决于整个生命周期里家庭的收入状况，而不仅仅是当前的收入水平。生命周期理论说明了家庭的收入变化在一个生命周期内是有规律的。诺贝尔经济学奖获得者莫迪利亚尼在20世纪50年代和60年代发表了一系列有关生命周期消费理论的论文，创立了消费生命周期理论。

生命周期理论把家庭的生命周期定义为几个分段时期。比如说20岁之前为被抚养期，这个时候自己没有收入，靠的是父母家人。20岁~30岁左右为一人接受教育期，这时他贷款消费。从30岁到65岁左右为工作期，还债和储蓄。40岁~60岁收入最高，储蓄也最高，65岁以后储蓄转为负值。尽管收入在一生中有起伏，但消费大体上是一条水平线，也就是说各个时期保持了较稳定的消费。

我们可以由家庭选择和消费效用最大化原则得出这一理论要点。家庭的选择问题可以定义为求下列条件的极值。

$$MaxPV = \max \sum (1/1 + p)^t C_t$$

$$S.\,T.\ C = Y^d - (A_{(t+1)} - A_t) - h(A_t/Y^d)$$

目标函数 $PV = \sum (1/1 + p)^t C_t$ 说明家庭不仅要考虑现在的消费，也要考虑安排好将来各个时期的消费。式中的 $(1/1 + p)^t$ 表示家庭对消费的一种时间偏好。h 是一个函数而不是一个系数，假定它的性质是一阶导数为负（$h' < 0$），二阶导数为正（$h'' > 0$）。流动资产与收入 Y^d 之比 A_t/Y_d 称为资产收入比，这样函数 $h(A_t/Y_d)$ 就表示消费的交易成本。$h' < 0$，说明交易成本函数为减函数。一个人当他年轻时虽有很大的潜力（即 Y^d 很大），但他掌握的金融资产很少，所以 A_t/Y^d 值很小，这样他的交易成本就很高，消费就受到了很大的限制。随着年龄的增长，个人的人力资本和其他非流动财产转化为金融资产，这样 A_t/Y^d 就会上升，其交易成本就会下降，因而消费可以增加。

约束条件中消费 $C_t = Y^d - (A_{(t+1)} - A_t) - h(A_t/Y^d)$。$Y^d$ 是对收入的平均期望值，这是一个相对稳定的量。金融资产的积累 $A_{t+1} - A_t$ 对年轻人来说是一个较小的量，这样 $Y^d - (A_{t+1} - A_t)$ 就比较大，但这时的 $h(A_t/Y^d)$ 比较大（交易成本大），所以这时期的消费不会很大。随着时间的推移，$(A_{t+1} - A_t)$ 增长起来，即金融资产开始增加，但这时交易成本 $h(A_t/Y^d)$ 又很小，所以 $Y^d - (A_{(t+1)} - A_t) - h(A_t/Y^d)$ 的值依然维持在一个较稳定的水平，消费不会有太大的波动。这可以看作是对莫迪利亚尼生命周期消费理论的一种解释。一个具体时期消费取决于一生收入预期，而不取决于当前时期收入。人的一生收入将会有规律波动，因此个人消费和储蓄行为取决于所处生命周期阶段，从总体来讲，消费会处于一个较稳定的状态。

二、生命周期理论与人口结构问题

生命周期理论的消费公式为：$C = a WR + b YD$。WR 为 T 点时某人拥有的财富量（或曰资本存量），a 为财富的边际消费倾向，YD 为年均劳动收入，b 为拥有财富之后恒定收入的边际消费倾向。$a = 1/(NL - T)$，$b = (WL - T)/(NL - T)$，NL 表示预期生活的年数，NL = 生存的年龄 - 开始工作的年龄，WL 表示工作的时间数，WL = 计划或规定退休年龄 - 开始工作年龄，T 表示某人获得财富的年龄。

上述公式显示 YD 与消费存在正相关关系，当每年的恒定收入稳定增加时，消费必定随之增加。从公式就可以得出，$a \leq b$，经济含义为：在某一点获得的财富或在某点的资本存量并非恒定收入，所以它的消费倾向要远远小于恒定收入的消费倾向。这就可以在一定程度上说明在国家花大力气启动内需时，全国储蓄存款不降反而连年攀升，截至 2001 年城乡储蓄存款余额已达到 75000 亿元。因为储蓄存款类似上式所说的财富，消费倾向极低。另外从 $a = 1/(NL - T)$ 可以得出，随着人们寿命的延长，NL 的值增大，而随着收入的增加，储蓄有可能在短时间内迅速增加，继承遗产的可能和数量也在大大增加，也就是说人们获得财富的时间在缩短，T 的值因此减少，财富的边际消费倾向也因此变得越来越小。

还可以从公式看出，恒定收入 YD 的边际消费倾向 b 与 WL、NL 密切相关。即在生命年限一定时，工作年限越长边际消费倾向越大。目前我国的情况是，随着生活水平的不断提高，人的寿命在增加，但另一方面由于我国人口众多、效率低下等多种原因工作年限又在缩短，结果根据上述公式很容易得出恒定收入的边际消费倾向的下降。

生命周期理论揭示了一个国家的国民储蓄与该国人口年龄构成之间有着密切关系的。未成年及老年时是纯消费群体，也可以称为是被抚养人口。青壮年是贡献群体，他们在消费同时能提供储蓄。未成年人和退休人的消费就是由青壮年群体的储蓄支付的。而支付的进行是与一个国家的经济制度有着密切关系。在中国以前的计划经济体制下，工作群体领取的是低工资，其中储蓄很少，退休以后由企业或国家支付，可以说他们的储蓄和老年时的支付都由国家或企业作出的。在西方市场经济体制下这些部分是由社会保障机构来执行的。即在工作时期的群体向社会保障机构依法纳税，社会保障机构用这部分收入去支付退休群体的退休养老金，而当他们退休以后又是向那时的工作群体税收中领取养老金。我国在经济体制改革以来也开始推行养老保险制度，社会保障的变革必将影响到家庭的消费与储蓄行为。不管采取何种体制，一个国家的人口结构情况对该国的总的储蓄率与消费率有着重要影响。

根据生命周期理论，被抚养人口由未成年人和退休人员组成。由于被抚养人口中的青少年没有人口收入，其消费支出完全由抚养者支持，同时，退休者的消费源自其工作期的储蓄，因此，一个社会的被抚养人口的比例，即总负担系数的变化趋势将对消费储蓄比例变动产生影响。其一般规律是，当被抚养人口比例上升时，由于在消费的压力加大的同时，提供储蓄的人口，即工作人口比例相对下降，因此对全社会的消费倾向将产生向上的压力，对储蓄将产生向下的压力。反之，总负担系数的下降将向上推动全社会储蓄，对消费则产生向下的压力。

我国第五次全国人口普查数据表明，我国劳动力人口比例自20世纪60年代以来一直呈现缓步上升态势，即总负担系数一直稳步下降。依据上边的分析，这种人口结构变化应是构成我国长期以来储蓄率持续上升的重要解释因素之一。如人民银行1999年在世界银行的援助下完成了一份关于我国储蓄问题的研究报告，认为我国的高储蓄率主要是受经济增长和居民抚养系数的影响。值得注意的是，这种态势还将延续一段时间，因而将继续从推动储蓄率上升的方向产生影响。

当讨论人口结构对消费储蓄比例的影响时，还应注意人口预期寿命变动趋势的影响。从长期看，当随着生产力发展，人的平均预期寿命有所提高时，工作期和退休期也必然相应延长。这时根据生命周期理论，如果以工作期和退休期的相对均衡消费为目标函数，储蓄率也将内在的产生上升趋势。我国人口调查数据表明，自20世纪50年代初至2000年，我国人口的平均预期寿命不断提高，这也从人口统计学的角度构成我国储蓄率持续上升的解释因素。

近年来我国人口老龄化现象开始凸显，这无疑将对我国今后的储蓄率产生一定影响，从而对经济增长有一定的抑制作用，而亚洲"四小龙"随着老龄化进程的演进，人口结构对储蓄率产生影响，储蓄率下降的趋势也将在2025年左右显现出来。老龄化趋势表明我国目前被抚养人口比例上升，被抚养人口的比例扩大，抚养主体人口比例就缩小，这样较多的人口将要消费较小的人口提供的储蓄，这会在未来导致储蓄率的下降。而较低的储蓄率对未来的经济增长会起到一定的抑制作用，从而对经济运行会产生一定的波动效应。如果不采取一定的人口政策，人口结构自然演化，那么当老龄化的浪潮过去后就必然是那时的低龄化的群体的成长，他们成长为社会的贡献主体，即成为抚养群体，他们的高比例出现又导致了社会较高的储蓄率，从而经济的复兴与快速增长就又成为可能，这样经济增长会随着人口结构的自然演化而产生周期性的波动。

生命周期消费理论所揭示的国民储蓄消费与人口结构的关系对于一国的经济增长与发展具有重要的启示意义。人口结构的不平衡演化会带来经济的周期性波动。影响人口结构的因素是很多的，但政府当局应结合各种影响因素，制定合适的人口政策，使人口结构分布处于一个较均衡的状态，具体来说就是使抚养人口与被抚养人口比例处于一个大抵对等的状况，这样人口的演化具有结构的稳定性，从而保证较稳定的消费与储蓄，使经济能够健康稳健的发展。

（本文完成于 2005 年）

并购·整合·成长
——一个跨国小企业的中国故事

通观 MSI 的并购发展历程，我们可以发现 MSI 的发展并非一帆风顺。并购虽多，但并不是每次并购都能得到积极的反应。并购从某种意义上说，并购后的资源整合比并购本身更关键，没有好的整合，可能导致了并购的失败，并且可能引发资金链条的断裂，连带发生更为严重的财务危机、信用危机，甚至是破产倒闭。

中国给予中小型外企的不止是市场空间，更是跨越式成长的机会。一个美国小企业 MSI 如何在中国实现跨国成长的梦想。中国的改革开放，打开了通往世界经济圈的大门。改革开放三十多年的经济互动中，中国不断的吸收外来的资本、技术、管理、要素，对外开放给中国传统经济注入了前所未有的活力，中国经济开始了改革开放三十多年的持续高速度增长之旅。

同时，由于中国是一个幅员辽阔、人口众多的世界上最大的发展中国家。十几亿人口蕴藏着巨大的市场潜力，改革开放三十多年的对外开放，已经让世界各国的企业感受到了中国这个巨大市场份额的威力。西方国家经过百年的工业文明洗礼，其市场空间都已逐渐饱和，因此中国的市场空间开始成为了众多外资企业全球扩张的战略要地。数十年来稳定的政局与社会秩序，充裕而低廉的劳动力，优惠的对外税收政策，这些又给外资企业的产业链转移与资源全球整合从而推动外企跨越式成长提供了新的发展机遇。尤其是近年来，随着中国"长三角""珠三角""环渤海"产业配套基础的不断夯实，为外资制造业资源转移提供了良好的发展环境。

我们在这里要讲的是一个美国中小型企业——精量电子公司（MSI）依托中国快速成长的故事。美国 MSI 精量电子公司 1981 年在新泽西洲成立的 Nasdaq 上市公司，主要从事于传感器的设计生产和销售，产品覆盖了工业传感器与消费品行业两个方面，产品品种包括了压力传感器、动力传感器及震动传感器等等一系列产品线，目前在北美、欧洲、亚洲都有分支机构。1995 年 MSI 精量公司开始在中国深圳设立了一个生产基地，把产品线的制造环节开始部分向中国转移，以期利用中国生产的成本优势。到1996财年精量公司的总资产还只有690万美元，十年来精量公司依托中国低成本的研发与生产基地，实施了一系列重大战略举措，包括并购、资产重组、战略联盟等，精量公司从低迷徘徊的境地成长为传感器领域世界一流企业。当然，它的成长经历也并非一直风和日丽，它的发展低谷时期甚至到达面临被摘牌的地步，这与它的并购安排资源整合及中国基地都有很大关系，我们透过它的曲折发展史可以清晰的看到外资跨国企业并购整合发展中的关键因素。

我们先从整体上扫视一下精量公司的发展轨迹，下表是精量公司近年来的一些财务数据信息。

财务数据　　　　　　　　　（单位：千美元）

年份（财年）	销售收入	净利润	总资产	销售管理行政费用	利息支出	存货
1998	29278	777	10217	6700	80	3815
1999	37596	1729	18535	9846	251	4662
2000	59997	5531	39647	16132	287	9136
2001	97033	1197	77479	29232	2634	31868
2002	97273	—29047	89612	44500	2730	16026
2003	107676	—9097	46168	34245	2057	14275
2004	112813	21586	77000	30448	323	10170
2005	140941	14826	126004	35796	637	20282

从上表可以看出精量公司近十年来的基本走势，开始是一个逐步扩张增长的阶段，随后突然卷入了一场低谷之中，后来又逐步走出困境开始新一轮的增长，但增长的幅度却又有所回落。我们再来看一下它的十年来的股价走势图（见图1）。

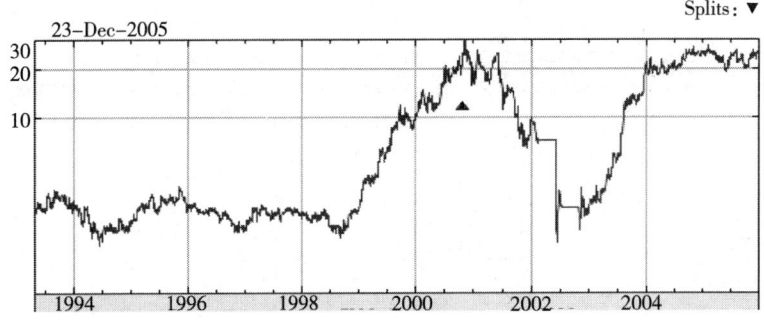

Splits：▼

23-Dec-2005

图 1　精量公司股市走价

　　从股价走势图上我们能同样清楚地看到精量公司十年的基本发展轨迹。1995 年到 1998 年一直处于低位徘徊的境地，1998 年 11 月后股价开始快速上扬，这得益于 1998 年开始的并购扩张战略，包括了 2000 年初的几次并购，并对资源实施了良好的整合，及时将产品生产线转移到了低成本的中国基地，股价上扬一直持续到 2001 年 5 月，但从 2001 年6 月份以后股价开始急剧下降，这与盲目并购、整合不力有着极大干系，这种状况一直持续到 2003 年春天，2002 年的时候还经历了两次停牌，因此 2002 年后开始了大刀阔斧的资源整合，包括资产出售重组、人员调整，到 2003 年初股价又开始了新一轮的快速上扬，进入 2004 年股价虽没下跌，但一直在原位上徘徊不前，这种状况一直持续到现在，这与 2004 年以来的持续大规模的并购有着极大的关系，并购的速度在推进，但整合进度没有跟上，很关键的一点是这一时期连续并购过来的资产其生产线几乎都没有转移到中国。我们可以用类似流程图的结构来简要看一下精量公司通过并购发展的全球扩张版图（见图 2）。

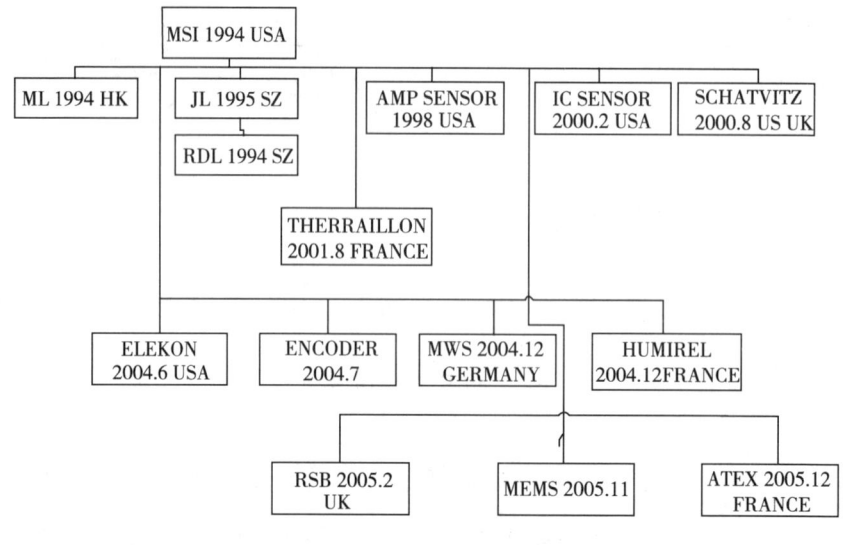

图 2　精量公司扩张图

一、"中国制造"是 MSI 全球并购成长战略的核心要素

综观 MSI 公司的发展历程，MSI 公司并购成长的核心要素就是中国制造，结合财务数据及股价走势上我们可以清晰地看到这样一个现象，MSI 的全球扩张战略主要是通过并购相关行业公司，或与相关上下游公司签订战略联盟，通过资源整合，优化资源分布，以发挥规模优势、技术优和协同效应。而这一系列战略运作背后的支撑点就是充分利用中国低成本生产基地，自 1995 年 MSI 将部分产品生产链条转移中国起，资源整合与生产转移的步伐就没有停止过，特别是在全球并购中，将并购资源的生产线整合并转移到中国，这些措施的实施，推动了 MSI 的全球跨越式成长。

"中国制造"这一概念当今已被认为是低成本的代言词，越来越多的外资企业将生产线甚至是研发转移到中国，中国逐渐成为"世界工厂"。"中国制造"所体现的低成本主要包括充裕而低廉的劳动力，优惠的税收、原材料采购成本低廉、制造业产业链的齐备以及由此带来的规模优势。

　　中国的劳动力成本大大低于国外，这已经是一个被广泛认可的事实。并且，在未来的十年内这种低成本优势将会持续保持。据统计，在中国的制造企业里，一个普通工人的月工资徘徊在 1000 元左右或者更低，即使是在合资品牌企业里，工人的工资也不过 2000 元，而国外企业工人的工资则是中国工人的几十倍。高昂的人力资源成本经常让国外企业苦不堪言。进入中国进行组建生产基地，就地招募劳动力对于跨国公司并购后出现的资源庞杂、管理成本攀升的状况起到了优化与缓和作用。同时，中国对外开放所采取的对外商的许多优惠政策给外企的产业转移与经营提供了良好的环境与支持。特别是珠三角、长三角一带已经较为成熟与完备的产业链的建立，产品生产制造业能从其中的上下游供应链中受益，节省许多的采购成本。

　　中国制造的低成本加上作为新兴发展中国家的广阔市场，这些构成了跨国公司并购扩张背后的核心支撑力。正是有着生产制造链条的低成本优势，MSI 在全球并购中没有这种后顾之忧。MSI 近年来的并购多达十次以上，涉及金额巨大、业务复杂，它在经历多次的并购后，并没有因为其庞杂的资产或费用的急剧增加而发生危机，因为占据很大成本的生产环节始终在低成本的地区发挥着作用，因此，可以说它的中国制造战略在并购成长中起到了不可磨灭的贡献。

二、并购的关键在于有效的整合

并购后的整合实际上有较广的范围，包括了战略整合、管理整合、资产整合、以及财务人事文化等方面的整合。实际上就是对并购非常凌乱的资源进行重新的规划与分布，该处理掉的要处理掉，该转移的要转移，使资源重新由分散而凌乱的状态回复到整齐有序的格局，并符合战略规划，目的是为了有利于效率的提高、竞争力的提升。

通观 MSI 的并购发展历程，我们可以发现 MSI 的发展并非一帆风顺。并购虽多，但并不是每次并购都能得到积极的反应。并购从某种意义上说，并购后的资源整合比并购本身更关键，没有好的整合，可能导致了并购的失败，并且可能引发资金链条的断裂，连带发生更为严重的财务危机、信用危机，甚至是破产倒闭。

MSI 公司在上世纪末开始了它的并购扩张之旅。从 1998 年开始并购 AMP，到 2000 年初并购 IC SENSOR，MSI 将 AMP 的传感器生产线整合到中国深圳基地，将 IC 原来分布在印尼的生产基地也搬到了中国深圳，将生产线进行了整合，同时实施了必要的裁员，到 2000 财年的时候销售收入与净利润发生了历史性的飞跃，得到了长足的增长。而后来收购 SCHAEVITZ，由于它的英国部分迟迟没有得到很好的整合，导致了存货、并购成本、利息费用等急剧攀升，造成了资金链的断裂，随后收购的 TERRAILLON 也是同样的问题，生产线也迟迟未能转到中国基地，使得 MSI 公司雪上加霜，并最终引发了 2001 年到 2002 年两年来纠缠不断的财务危机、银行信用危机和各类诉讼官司，巨亏成为了不可避免的事实。同样依靠良好的整合，在 2002 年以后 MSI 在资产、人事及战略上作了大的重组调整，包括连续出售并购过来的劣势资产，用所得的收入偿还并购负债，终于使公司走出了两年来的灰暗时期，自 2003 年以来 MSI 又进入了一个新的发展时期，2004 年到 2005 年又开始了新一轮的持续并购历程，这次大规模的持续并购依托实力的增长，把目标更多的聚焦在在美国以外的国家，并且都没有将生产线整合到中国基地，从上面的财务数据可以看到，2005 财年的净利润比上一财年有 30% 的下滑，存货上升了一倍这说明 MSI 对大量并购过来的资产没有进行很好的整合，如果在未来不及时采取整合策略，实施调整，新的危机的到来将不是危言耸听。

下面我们来看看 MSI 公司对 AMP 压电事业部的收购。1998 年 8 月 MSI 收购 AMP 公司压电事业部门花了 460 万美元，包括评估与重组费用，向银行贷款了 400 万美元，5 年期，利率为 8.6%，整个收购过程依赖于银行的现金贷款得以完成。收购资金是本财年净利润的 2.3 倍，利息及费用支出占本财年收入的比重为 0.006，存货占收入的比重为 0.13。收购完成后，到 1999 年净利润历史性增长了 122%。在这次收购中，MSI 公司及时将 AMP 的生产线转移到了中国深圳，充分利用中国的低成本生产基地，同时，在人事及销售部门进行了有力调整，使得资源分布有合理的格局，提高了资源运作效率。而 AMP 公司在压电集合传感上具有世界领先水平，这次收购为 MSI 引入了新的强势产品线，进一步巩固了传感器领域的先进水平。这是一次成功的强强并购，得益于准确的收购目标的定位、更得益于收购后资源的成功整合。

我们将利润增长率设为 Y，将收购资金占本年净利润设为变量 X_1，将利息费用支出占本年收入比重设为 X_2，将存货占本年收入比重设为 X_3，同时，我们假定每年的销售收入保持一个较稳定增长，那么我们用抽象函数近似的描绘净利润与三个比重的关系，记为：

$$Y \propto f (X_1, X_2, X_3)$$

那么根据 1998 年并购 AMP 前后的 X_1、X_2、X_3 指标，及利润增长 1.22 倍的结果，我们可以表示为：

$$122\% \propto f (2.3, 0.006, 0.13)$$

这样的一个对应关系，这是一个很好的整合结果。

我们再来看看 MSI 公司 2000 年 8 月对 SCHAEVITZ 的收购。这次收购金额巨大，创历史性的达到 1770 万美元，主要是靠扩大银行信贷完成支付的。SCHAEVITZ 其产品线也比较广，它在英国的生产基地迟迟没有顺利转移到中国深圳。这次收购是 MSI 公司的一个转折点，由于产品业务及管理整合不力，本身收购金额巨大，各类费用急速攀升，生产成本降不下来，库存急剧上升，导致了 2001 财年利润首次大幅下降了 78%。其中贷款的利息支出创记录的增长了 766%，对人事制度方面的整合效率低下导致了管理费用上升 80%，对收购的资产整合不力，没有将其中的劣势资产及时处理，导致了库存首次大比例上升了 248%。这是一次高风险的收购，主要的败笔还是在并购后的整合环节。通过财务数据可以看到并购金额是本财年净利润的 3.07 倍。

收购后所引起的利息及相关费用支出占收入的比重为 0.03，存货占收入的比重为 0.33，这些指标相对于 1998 年的并购都有大幅度的上升，几乎都是数倍的增长，使得 2001 财年的净利润大幅度下降 78%，记为：$-78\% \propto f (3.07, 0.03, 0.33)$，它是一次不成功的收购，几乎没有实质性的整合，只是简单地相加是这次并购失败的主要原因。

三、MSI2006 年展望

MSI 从 2004 年开始的新一轮持续并购风暴一直延续到了 2005 年底，这是它走出困境后所开始的新一轮全球扩张战略，但这一时期所并购的大量资产都没有认真整合与消化，生产线都还没有转移到中国基地，对资产的分布及重组还没有采取实施性措施。从 2005 财年的年报中可以看出，利润业绩开始呈现下滑的局面，如果 2006 年还不采取得力的整合措施，那么随着利息费用管理成本的攀升、存货的积累，还有高成本生产线的拖累，X_1，X_2，X_3 这些指标都有进一步上升的趋势，发生新一轮的财务危机可能也不会太远。

最近据说 MSI 公司对目前的情况也很忧虑，开始着手 2006 年的整合消化计划，对近两年来并购扩张积累下来的资产进行战略性的整合。如果采取得力措施，将产品生产链条继续转移到中国，继续处置一些非主业资产（如消费品事业部），如果在人事管理财务等方面采取有效措施，估计情况会有所改善。2005 年下半年以来的几次并购涉及金额规模并不大，估计利息费用及管理成本将会有小幅地增加（X_2 小幅减小）。同时，由于近年来不断巩固工业传感器等主业产品，非主业的劣势资产已经处置的差不多了，存货增加的幅度将也有限（X_3 小幅减小），借助于中国的低成本生产线，预计 2006 年经过整合后 MSI 的业绩可能会保持低速的增长，并不会有十分明显的成长。

（郑磊、方志国 发表于 2006 年《经理人》第 1 期）

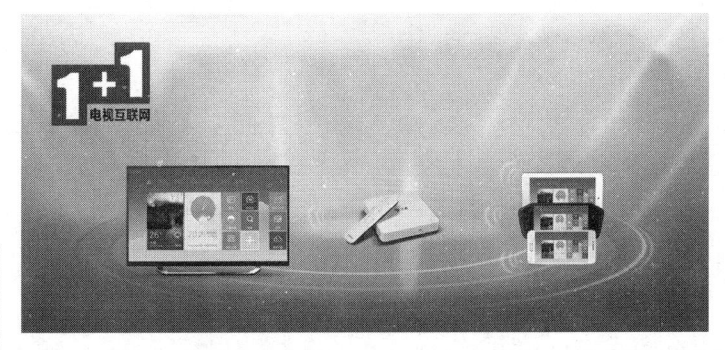

成长：思维革新之路
——从同洲电子看技术创始人与企业发展

　　同洲从一个创业企业发展到今天的规模，证明了企业的产品和服务定位、人、技术、市场、资本、制度、管理能力以及发展战略对企业生存、成长的重要性，忽视哪个方面都不行，企业的经营要求企业家在上述各方面都要做对做好，对每个创业者都是一个艰巨的挑战，而且每当决策进入新的产品市场时，在某种程度上相当于开始了新的一轮创业，企业家需要做正确的事，并正确地做好，同洲的案例给我们展示了一个成功的企业家的基因应该是什么，怎么去完善自我，并带领团队走向辉煌的过程。

2005 年 12 月下旬，我们有幸与同洲电子的袁明总裁进行了面对面的访谈，通过访谈，我们更深切地体会到，要了解一个企业的灵魂必须先了解企业家的思想精髓。袁总裁作为一个典型的技术型企业家所体现出来的战略经营思想火花，让我们更清晰地了解了这个企业的过去与未来，在它的成长的每一步，这些思想的火花一直闪耀在同洲电子发展的康庄大道上。

成立于 1994 年的同洲电子目前已成为中国最大的数字电视高科技企业之一，2001 年初经风险投资公司入股，于同年 4 月成功改制为深圳市同洲电子股份有限公司，是一家以数字电视、卫星通信、光通信等领域的宽带通信产品以及 LED 光电显示系列产品的为业务方向的现代化民营高科技企业。目前拥有员工近 2000 人，其中包括国内最大的达 400 人的研发队伍，年产 240 万台的机顶盒，同时正在筹建年产 500 万台、亚洲最大的机顶盒产业化生产基地。2004 年，公司产值达到了 7 亿元，利润 4050 万元，出口创汇 6600 万美元以上，在同类产品出口中连续五年第一。另外，在国内市场，同洲已经形成知名品牌，陆续获得了国家级重点软件企业、国家高新成果推广示范基地、中国深圳科技企业 50 强、深圳高新技术十佳创业企业、深圳市受通报表彰的 22 家民营企业等荣誉。市场占有率居同行业第一。现在，同洲公司已进入了新的高速发展阶段，正崛起成为中国数字电视、卫星通信等领域最大的宽带通信设备生产商和系统集成商。

无论是同洲电子创建之初从 LED 电子显示屏业务上挖到第一桶金，还是大胆闯入数字电视卫星接收机领域，它都能及时把握机遇，瞄准新的技术新的市场，准确地定位产品的未来发展方向，精心设计和实施转型战略，尤为突出的是，大胆涉足资本运作，引入风险投资，为企业的跨跃式发展注入了强大的动力，演绎了资本与高科技企业完美缔结的成功典范。有人说通信电子产业本身的技术优势、市场前景及国家政策层面的支持等等决定了它具有广阔的发展前景与机遇，它的成功似乎应该是没有太多的悬念与意外，然而，事实并非如此简单，通信电子行业的企业不少，但同洲电子所折射出的经营理念和方法确实能给中小企业一个有意义的借鉴与思考。从同洲电子身上所能看到下面几个核心的成功要素。

一、技术型企业家如何调整自己的思维方式

同洲电子作为通信电子产业的一个高科技企业，总裁袁明像其他许多公司创始人一样是技术专业出身，有着深厚的技术工程背景。通常来说，技术型企业家在创业初始阶段对企业的奠基有着至关重要的作用，他们的工程背景使得他们对技术的发展趋势有着深刻的理解，他们了解这些技术会带来什么样的产品，能够对先进技术与市场需求进行初步的沟通，从而利用自身技术优势进行产品研发，创业初期往往需要对企业运营方向、产品目标选择作出准确的把握。从这些方面讲技术型企业家的优势是很明显的，但是，技术型企业家普遍存在的劣势表现在对市场、组织及战略管理上缺乏认识和能力，我们可以用一张资产负债表来形象说明技术型企业家或创始人自身的优劣势（见下表）。

资产负债表

资产	负债
技术能力	组织管理能力
产品创新意识	市场运营能力
系统思维	战略管理
跳跃思维	全面、综合思维

很显然，技术型企业家最大的优势集中体现在企业创始之初，体现在对产品及技术的实现能力上，而随着企业的进一步扩张，经营本身带来的规模发展，提出了更多属于市场、组织、战略和管理方面的问题时，他们需要转变角色，调整思维模式，适应企业成长的需要。

同洲电子的创始人最初创办企业主要是做 LED 电子显示屏，当时赶上股市最后一班车，电子显示大屏幕是证券交易厅必备设备，袁明带领员工冲到市场的最前线，成功地挖到第一桶金，不久证券公司用电子显示屏已呈衰微之势时，他们又迅速转战高速公路电子显示屏业务，继续挖掘这个产品的市场潜力。1996 年，LED 显示屏的市场需求已经很稳定，产品进入成熟期，并有衰退的可能，袁先生凭借过人的市场敏锐力和洞察力，在数字电视卫星接收机刚起步，还没有国家标准的时候，这个产品在国内还处于概念期时，大胆决策，自主研发，带领同洲电子进入转型期，但当时的国内市场上，这个技术相当领先，在国内销量有限，袁明决心将产品打入国际市场，现在，袁总讲起当时的这个决策，解嘲地说，其实当时连他一起，公司里根本没有人出过国，甚至没有去过香港，就成立了国际贸易部，公司内的员工都在暗笑那些搞出口的人不知道外国的月亮圆不圆。但很快，市场成了最权威的裁判，东南亚一带的华侨希望购买能够收看大陆电视节目的接收设备，同洲的这款接收机正好满足这个需要，国际市场就这样打开了，当年实现产品出口。现在这个系列的产品仍占据着国内市场的最大份额。袁总坦率地告诉我们，每一款新产品研发出来都是他带着一线员工亲自去做市场测试的，并且根据市场的反应及时地修改设计，这样做又不断强化了他的市场感觉，形成了技术能力与市场互动的良性循环。实际上，对市场的敏锐意识是一种天分，而技术的习得却可以通过后天的努力。技术型人才如果缺乏对市场的感受性，应该有意识地培养这方面的能力，或者避免自己独立创业，当然也不能否认市场能力也可以通过个人努力或者互补型团队协作来弥补。最大的问题不是出在缺乏这种能力上，而是自身对这个问题没有清醒的认识和对应措施。

二、超越技术视角，整合资源实现企业跨越式成长

技术型企业家往往会把相当多的精力专注于产品的技术研发更新，关注于产品技术的发展趋势，但技术的变动趋势如果不与市场有效结合，有可能会带来倾覆性的危险，这就像生孩子，能够生孩子只是第一步，转型成为好的奶妈对企业的发展壮大来说是极为重要的。在现实中，常见的是技术型创始人在完成产品开发后并没有能够随着企业的成长而当一个好的职业妈妈，他们不少是在企业跨越式成长的阶段中或是转型中将"孩子"引入了歧途，有的甚至夭折了。袁明的成功证明了他能够很好地把技术与市场结合起来创造企业利润，当然，小企业在发展过程中还要面临如何做大的问题。在这一点上，袁总的观点是鲜明而

现实的，他认为企业要先求做强，再争取做大，大而不强是极端危险的，这种认识是值得很多企业家深思的。

小企业在发展过程中必然会遇到管理瓶颈，人无完人，我们不能期望创业家既是技术能手又是商业奇才，还是管理大师。一般而言，做到前两点就已经是业界表表者了，如微软的比尔·盖茨和华为的任正非，而更多的杰出人士也只能做到其中一项，如联想的柳传志、倪光南。企业管理包含多个细分领域，即使是管理人才也不可能样样皆能。而企业做大，对于管理的需求是非常强烈和高标准的，对于一个创业型企业，它的条件往往还不能够吸引和容纳足够多的管理英才，因此创业企业就要有效控制管理瓶颈的到来时间和降低其对经营的负面影响。寻求先做强即是顺应时势的无奈，也是明智的选择。"做强"往往可以让企业家先定位在某些局部而重要的方面，如研发、生产、或者市场先行突破，然后腾出精力再解决其他关联性问题或相对次要的方面。袁明对于职业经理人的认识也是这样，他肯放手，把管理性工作委托给合适的经理人去做，逐步放手，现在他已经建立了一支管理团队，而自己则有更多的时间考虑最擅长的技术和市场方面，并筹划公司整体的发展战略了。创业者最难做到的是放手，而很多人又难以控制企业扩张的速度，因此，经常碰到发展与能力不协调问题，最后搞得自己焦头烂额，首尾难顾。

同洲的另一个成功来自于资本的助力，这是创业的另一个外生的重要因素。企业发展需要大量资金，不能只靠第一桶金，企业的跳跃式发展不能只靠自身现金流和利润的积累，引进何种外部资本，在哪个阶段引入，都是考验企业家的棘手问题。

因为是技术型企业，同洲的创始人很早就通过科技局接触到了一些风险投资者，并逐渐有意识地加深对这种新型投资方式的了解。不少创业投资公司看好同洲这个"靓女"，袁明在选择投资人方面也有深层考虑，最后选择了的几家投资机构是因为它们分别能给企业带来本地政府的支持、大客户关系和银行贷款。在这四家企业中，达晨创投隶属于湖南广电集团，具有湖南广电集团、电广传媒上市公司的丰厚行业背景和广电系统的丰富资源，有利于同洲行业知名度的提高，有利于广电市场的开拓。而且湖南本身就是个大市场。深圳高新投是专业性创新担保机构，为同洲提供了多项担保和后续资金支持。深圳市深港产学研具有北京大学等雄厚的高校资源，为同洲公司在管理、与高校合作开发等方面提供了丰富资源；而深圳市高新投具有政府背景，可以为同洲争取多项政策支持。通过这一轮融资，同洲获得了2000万股权投资和6000万元银行贷款，企业立刻获得了快速发展的动力。在谈到风险投资对企业的帮助时，袁明充分肯定了其积极作用，正是风险投资在爬坡的关键时刻补充了企业的"燃料"，还帮助企业规范和健全了管理，尽心尽力地帮助同洲发展新的业务关系，争取政府优惠政策和专项资金支持，风险投资对企业的帮助是全方位和双赢的，这次"联姻"被视为一次创业企业家与创业资本的美满结合的典范。

同洲的创业者的成功不能简单地归结为技术或者市场，更不是单凭运气，而是在能够立足自身优势的基础上，向外延伸触角，利用人才、资本等各种外部资源，打造坚实的企业经营平台并不断稳健成长起来的。技术、市场、人和资本形成了无缝衔接，在风险投资和科学管理制度护航下实现了腾飞。

三、把握快速成长与永续经营的辩证关系

中小企业在发展过程中最不容易把握的是两个极端，一个是发展极度缓慢被淘汰出局，另一个就是速度过快而失控。前者被认为一开始就是失败的，而后者往往在最不易察觉的时刻突然夭折。同洲被选为首批23家创业板上市公司，当初23家企业中大多数已经"无可奈何花落去"了，关于上市的时机，袁总很坦然，他认为上市可能会过早地让同洲放弃一些自我调整的自由，股民可能会对公司心理期望过高，而将股价推高到与企业赢利不相符的高位，既而因为炒作而使很多股民被套牢，给企业经营带来更大的压力。

企业的成长有自身的规律性，在摸爬阶段就不要硬跑，同洲在广义上属于IT行业，在这行里发展，就像是登山，开始的时候，大家都从山脚向上爬，空间很大，谁也不注意谁，越往上攀登，山体越小，竞争对手的相互距离越近，等爬到山顶，那个尖端就只能容纳极少数的佼佼者，而实际上，山顶早已被国际巨头把持着，中国企业只有在自身足够强健时才应该攀上去，才有可能PK这些巨无霸，否则，时机过早，即使勉强爬上去，很可能不费吹灰之力就被人家一脚踢下山谷了。现在的机顶盒产品还有不断创新的空间，以后的发展方向很可能与现在的视频产品巨头和通信巨头重合，最后的决战是难免的，因此，在自身还不够强大而又引起竞争对手警惕时，人家还在到处寻找你决战，自己一定要有清醒认识，自我不要过度膨胀。

袁总一再提到，公司是大家创业的平台，每个员工都有一份，企业

一定要稳健经营，不只是保障股东回报，永续经营的企业才能承担对员工对社会的责任。好的创业型企业往往有很大的增长潜力，增长速度不是问题，但容易出现"掉链子"现象，特别是在人才和管理方面，面临严峻的考验。袁总现在最关心的是抓紧时间夯实企业的基础，同洲的管理架构和制度比较健全之后，现在下大力气抓企业文化建设。很少有成功的企业是单靠科学的管理制度做成的，企业的成功最最核心的是依靠人，不是几个人，而是整个团队。最让袁总自豪的是，同洲拥有一支400人的研发队伍，这不是一蹴而就的成就，而是企业在稳步发展中培养起来的核心队伍，培养一个这样的人才队伍至少需要两年，同洲采用"一带一"的方式进行培养，再过两年就可以翻一倍，理论上是可以达到指数增长的，这就需要时间，不能跑得太快，管理和营销队伍的培养也是这样，要花时间检视企业的现状，除了正常的淘汰以外，不要让一个员工掉队。

这看似缓慢，但从长期来看，企业的寿命往往更长，可以走得更好更远，这就是快与慢的辩证法。实际上，盘点同洲这几年的成长，可以看到明显的成绩：公司产值迅速增长，由2000年的1.08亿元，增长为2001年的1.41亿元、2002年的1.70亿元。到2003年，公司产值已突破3亿元，2004年则达到7亿元。

现在，同洲已由100多人成长为近2000多人的中型企业，建立了全国最大的数字电视研发队伍。产品也从以卫星接收机、LED显示屏为主，发展到集成国际上主流CA与中间件的数字卫星接收机、数字有线机顶盒、数字地面机顶盒以及数字多媒体接收卡、数字电视系统集成、光通信设备、Cable Modem等系列化产品，竞争能力大大增强。国际市场方面，同洲在中东、印度、印尼、欧洲、北美等地建立了办事处和分支机构，建立了比较完善的代理商网络。公司产品销往东南亚、中东、印度、南美、澳洲、俄罗斯、美国、摩洛哥、泰国、澳大利亚等国家和地区。风险资金进入前，公司年出口量只有几万台。入注后 2002 年出口达到 30 万台，2003 年超过 100 万台，2004 年则达到 165.15 万台。"COSHIP"在国际上的品牌知名度越来越高。在国内市场，同洲在全国 30 多个省市建立了办事处和售后服务机构。同洲卫星接收机取得了"村村通"工程、CETV、CBTV、CCTV、卫传中心专业解码器改造、凤凰卫视美国公司数字电视节目落地等重大项目，并在全国各大省级、地市级电视台广泛使用。同洲有线机顶盒已经在 CCTV、深圳、宁夏、江西、武汉、重庆、广东、云南、郑州、南京、青岛、杭州、宁波、成都、南宁、贵阳、沈阳、襄樊、十堰、台山等 20 多个电视台广泛使用，成为进入地市级以上网络最多的厂家，数字电视知名品牌。生产方面，同洲建立了年产 240 万台并通过 ISO9001、CE、FCC、UL、3C 等多项认证的国内最大的数字机顶盒生产基地，并正在筹建亚洲最大的年产 500 万台的机顶盒产业化基地。

一个负责任的企业家不应该是只顾埋头猛干的莽汉，更不应该哗众取宠，而是应该踏踏实实地做好实业，企业经营稳健，不仅需要企业家的魄力，更需要定力，不受外界干扰，最终会带给投资者丰厚的回报。

四、产品定位与发展策略是企业发展的核心要素

企业的根基在于产品和服务，准确的产品定位和长期的发展策略是

企业生存和发展的核心要素。中小企业容易夭折的一个重要原因是产品定位不好，短期内能取得收益，但缺乏长期发展的后劲。

同洲电子从 LED 电子显示屏切入市场，也许是一种偶然，但之后调整为进入数字电视行业却是根植于对技术和市场发展的准确判断。起先是做数字电视的卫星接收设备，再扩大到有线接收设备，到机顶盒和数字电视集成设备，都是基于信号传输和接收这个核心技术，从整体上来讲，可以形成一个可持续扩展的产业链。与机顶盒类似的产品在国外已经有相当久的使用历史，具有一定的自然垄断性，中国目前这个产业的状况相当于处在发展的前期，未来中期内有较高的增长性。

同洲对于产品寿命周期的把握，反映出该企业对于产品定位和发展战略的前瞻性眼光。

特别突出的是，在国内还没有制订出卫星数字接收机标准的时候，此时该产品还处于寿命周期的引入阶段，在此时投入有很大的风险，同洲的及时介入使其占领了市场的高地，形成了技术领先，获得了超额的利润，如果这步棋走错了，不仅是时间的损失也是经营的失利，所幸的是，同洲看准了方向，抓住了市场先机。在这个技术的基础上，后来又衍生出机顶盒产品，使同洲的产品线不断延长，形成了成长期、成熟期、衰退期产品共存的产品组合结构，同时，袁明还在紧紧跟踪新的技术生产点，积极介入引入阶段的新产品开发。

国内的企业特别是中小企业在产品开发上往往投入不足，有吃老本的现象，因此企业的效益往往每况日下，企业家感叹往日的昙花一现般的辉煌，中国中小企业能持续生存 10 年的也不是很多。

同洲从一个创业企业发展到今天的规模，证明了企业的产品和服务定位、人、技术、市场、资本、制度、管理能力以及发展战略对企业生存、成长的重要性，忽视哪个方面都不行，企业的经营要求企业家在上述各方面都要做对做好，对每个创业者都是一个艰巨的挑战，而且每当决策进入新的产品市场时，在某种程度上相当于开始了新的一轮创业，企业家需要做正确的事，并正确地做好，同洲的案例给我们展示了一个成功的企业家的基因应该是什么，怎么去完善自我，并带领团队走向辉煌的过程。虽然我们还无法预计10年乃至20年后的同洲是否更加欣欣向荣，但是同洲的经验值得每个想做出一番事业的创业家们学习和借鉴。

（本文原载于《深交所》2006 年第 5 期）

换一只眼看越秀REITs

　　越秀投资旗下的白马、财富广场、城建大厦及维多利亚这四个物业主要出租用于商业批发、零售、仓贮、写字楼办公等业务，地处广州繁华的街市，其租金收入占到越投房地产总租金收入的46%，是它旗下最优质的资产。在将这部分资产装入REITs之前对它们的资产进行了重新的估值，在考虑到物业的地段、客流、出租率、均价基础上对它们未来的创造收益现金流作了估计，然后分别都用收入资本化法、现金流贴现法还有市场比较法进行价值评估，最后都取平均值，得出的总价值是40.5亿港元。应该说，尽管这个结果比几个月前所评估的价值32亿有不小的差距，但它的评估程序及结果还是令人信服的（见表1）。

2005 年底，越秀投资通过分拆旗下的优质商业物业，打包后注入房地产投资信托基金（缩写 REITs 下同），并在香港成功上市。此次上市共发售 10 亿份基金单位，每份发行价 3.075 港元，其中越投占有 31.3%，越秀集团占 0.8%，其余为社会公众所占，为 67.9%，越投在完成股息分派任务后所占比率降为 30%。REITs 从社会公众那里共募集资金约 20 亿港元。这次越秀 REITs 的上市对我国房地产行业来说具有划时代影响，大胆启用新的金融工具与经营模式，开辟了房地产领域新的融资渠道，进一步促进了房地产实业与金融的融合，引起了国人的广泛关注。

越投发起 REITs 架构如图 1 所示。

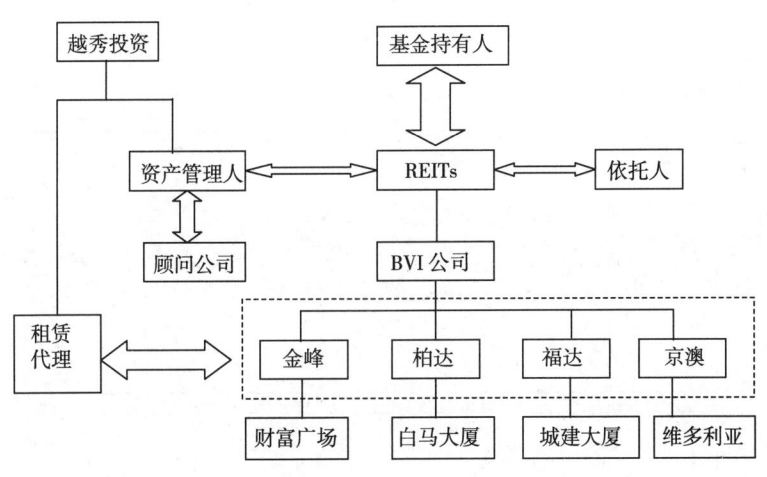

图 1　REITs 架构图

从图 1 可以看到，越投在海外注册了 6 家 BVI 公司，将国内的四个优质物业：白马、财富广场、城建大厦及维多利亚广场分别转让给柏达

BVI、金峰BVI、福达BVI、京澳BVI，而这四个BVI公司都是GCCDB-VI的全资子公司，之后，GCCDBVI公司将四个子公司股权全部转让给越秀REITs，REITs以物业为支撑向社会发行基金份额募集资金，交由资产管理公司管理运作，由资金信托人托管。而资产管理公司与物业租赁代理公司还有顾问公司都是有越秀所控的子公司，至此，一个较为完整的REITs运作体系形成了。

自越秀REITs面市以来已经有四个多月的光景，从目前来看，对于改善越投的资产负债及所有者权益等指标有着正向的作用，可以从它近期的股价及投资者的信心上得到一定的验证。但在一片欢呼与颂扬之后，我们冷静地将目光重新审视一下整个过程，会发觉并不是想象的那么简单。

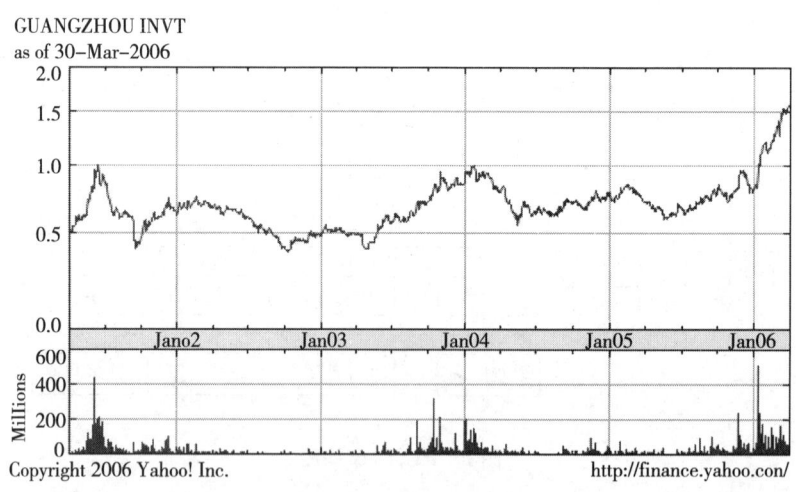

图2　越投5年来的股价走势

越秀 REITs 在发起设立过程中通过"贵买贱卖"打折缩水等不等价交易手段，为自身的未来发展留下了隐患。

我们再将目光重新放在 REITs 当时发起设立的阶段。越秀投资旗下的白马、财富广场、城建大厦及维多利亚这四个物业主要出租用于商业批发、零售、仓贮、写字楼办公等业务，地处广州繁华的街市，其租金收入占到越投房地产总租金收入的 46%，是它旗下最优质的资产。在将这部分资产装入 REITs 之前对它们的资产进行了重新的估值，在考虑到物业的地段、客流、出租率、均价基础上对它们未来的创造收益现金流作了估计，然后分别都用收入资本化法、现金流贴现法还有市场比较法进行价值评估，最后都取平均值，得出的总价值是 40.5 亿港元。应该说，尽管这个结果比几个月前所评估的价值 32 亿有不小的差距，但它的评估程序及结果还是令人信服的（见表1）。

表1   越投的四个物业评估情况

物业务项目	预计年租金收入（港元）	出租率	评估价值（港元）
白马	254124912	100%	2541500000
财富广场	54835620	90%	545000000
城建大厦	45207768	91%	385500000
维多利亚	61529964	100%	533000000

越投的这四个物业总评估价值是 40.5 亿港元，把它们装入 REITs 后越投还持有 30% 的股份，这就是说越投把物业的约 70% 出售给了 REITs，即售出了 40.5×67.9% = 27.5 亿港元的物业资产，而 REITs 却为此向越投支付了 32 亿港元，以多出 4.5 亿港元的高价买下了资产，

REITs 向社会发行的基金份额约 68 亿份，以每份 3.075 港元卖出，最后募集了约 20 亿港元，也就是说，它贱卖了 27.5 – 20 = 7.5 亿港元。买下这部分资产时多支付的 4.5 亿港元加上后来贱卖亏掉的 7.5 亿元，总计缺口就是 12 亿港元，这个数字正好与 REITs 通过银行借款的 12.6 亿元吻合，其募集的 20 个亿加上贷款的 12 个亿共计 32 亿元全部支付给了其母公司越投。观其过程，其间共发生了两笔不等价交易过程，一次是高价买，一次是贱价卖。REITs 的控股东越投收回了巨额的现金流，这个巨额的现金流是通过不等价交易取得，最后还是来源于基金持有人与银行借贷资金，这个巨大的资金缺口最后留给了 REITs 本身。这时候 REITs 可谓是重担在肩，一方面要在承担巨额资金缺口的情况下要满足投资者未来的投资收益回报率，另一方面还要对巨额债务还本付息。香港对 REITs 上市的一个条件就是投资收益率要达到 6% 以上，因此，唯有当 REITs 有着强劲而稳定的增长率时才能化解这些潜在的隐患，否则，其后果也是不堪设想，因为它会具有连锁反应，影响的可是 REITs 及 REITs 背后的控股方。

一、风险的二次转嫁

REITs 的发起从某种方面来说容易沦为控股股东的掏钱机器，越投发起设立 REITs 客观上进行了风险转嫁，风险转嫁给 REITs 实际上也就是转嫁给了终端的 REITs 投资者。

越投在发起 REITs 之前有着巨额的负债，达 180 多个亿，其近几年的资产负债率总的来说有比较大的攀升。

表2

年代	总资产（千港元）	总负债（千港元）	资产负债率（%）
1999	19402347	12773252	0.658335407
2000	19604175	13118629	0.669175265
2001	19961555	13431017	0.672844225
2002	23545737	16529192	0.702003594
2003	25598357	18628997	0.727741902
2004	25201023	17966722	0.712936217
2005	23904706	15365909	0.642798

从表2可以看出近年来其资产负债率高达70%多，在股市上，其股价那时已经低于每股净资产。高额的负债，低迷的利润，短缺的现金流，经营状况可谓窘迫。发起设立REITs却是一次摆脱困境的机遇，这个机遇的获得主要在于通过将资金短缺及高负债的部分风险进行转嫁。在转嫁过程中还可以通过不等价交易获取超额收益，将优质资产打包后以高价卖给REITs，从REITs那里获得了超额收益，这部分收入全部被越投用来还债，大幅度降低了越投的资产负债率，这是风险的第一次转嫁。REITs以高价买下资产，又以缩水价卖出给终端投资者，并以借巨债维持经营。从表面上看，REITs是承担了高额风险，这样对它的经营收益提出了更高的要求，其实终端的风险主要承担人还是基金份额持有者，REITs的经营风险直接与他们的利益相关，这是风险的第二次转嫁。这毕竟不是存款或买债券而有固定收益率，投资REITs的收益会随着市场经营状况而波动。

对于控制REITs的大股东来说，REITs实质上首先是它的一个融资

换一只眼看越秀 R E I T s

平台或工具，当然此后 REITs 本身的经营及增长也将影响控股股东的发展。当 REITs 这个工具符合有关规定能够上市时它就可以成为募集资金的工具，向终极市场募集资金规模及向银行借贷融资的比例可以由自己控制，香港的 REITs 资产负债率有 45% 的上限，通过银行借贷可以充分利用这一比例空间。越秀投资将设立 REITs 中所得的现金收入 32 个亿全部偿还了贷款，以往居高不下的资产负债情况立马有了改观，财务结构得到了改善，到 2005 年年末的时候资产负债率由年初的 71% 降到了 64%。这样看来 REITs 作为融资的平台一方面主要就是通过向社会机构或个人发行基金单位募集资金，同时还可以利用有关规定进行银行借贷。此外，REITs 还是大股东资产实现溢价变现的通道。控股股东可以将自身旗下的部分资产经过价值重估后注入 REITs 中，这个过程中往往会有高估成分在里面。出售给自己控制的 REITs 是非常快捷的资产变现途径，这对于改善公司现金流量及流动比率具有重要的作用。

多重的代理关系、繁缛的中间程序及成本也是 REITs 的美中不足之所在。

我们可以看到，越投在为发起 REITs 这一过程中先后自己或合资设立了十来个公司机构。由于在香港发起设立 REITs 要符合香港证监会《房地产投资信托基金守则》中的有关规定，如必须使用特殊目的投资工具。越投设立了 6 个 BVI 公司，一个房地产资产管理公司，两个租赁代理公司，一个顾问公司，当然还包括了信托人。通过层层的委托代理关系及股权控制，形成了一个庞大的 REITs 运行机制。首先这些数量众多的机构在发起设立及维护都需要前期启动很大的一笔资金，在对国内的物业所有权进行几番转移至海外 BVI 公司时交纳的营业税、契税还有前期的相关机构评估费用等加起来也不是一个小数目。在今后的经营中众多的机构还存在着税收问题，虽说与国内33%的所得税相比似乎不成什么大的问题，但也不可轻视。BVI公司在国内没有机构注册地的，按10%的税率对其来自国内的收益征预提所得税，在国内还要缴纳营业税、房产税、印花税等。同时，BVI公司还需要在香港缴纳17.5%的利得税，资产管理公司、租赁代理公司还有顾问公司由于注册地在香港，也都要缴纳17.5%的利得税。这样看来，众多的机构缴纳的各项税收加起来也不是一个小数目。

二、战略眼光看 REITs

越投发起 REITs 的短期效应应该说还是比较明显的，如果从战略角度考虑，我们会进一步思考，REITs 对于越投的长远发展会产生什么样的影响，是否有利于它的长远发展战略呢，REITs 最终会给越投带来什么？

要回答这些问题并不是很容易的事，特别是在很多时候容易被眼前的光环所笼罩的情况下。站在公司战略角度出发去思考问题，就不能只想着为设立 REITs 而发起 REITs，而是要看看 REITs 从长远所带来的效果及公司未来的发展状况。我们可以先这样设想，假定越投没有发起 REITs，那么它当年的收益如何，与发起 REITs 后的收益作对比又如何。根据招股书中的有关数据并通过估算我们是可以看到装入 REITs 中的四个物业在被装入之前和之后的收益对比情况，先看看这四个物业近年来的经营及预测情况。

表3　　　　　　　　　　四个物业总的收益情况

（2005 年 12 月被装入 REITs）　　（单位：万港元）

项目分类	截止 2004 年底	截止 2005 年（半年）	截止 2006 年底
租金及其他收入	18156.1	9850.7	36403.9
物业经营税费开支	(5380.9)	(2949.3)	(4784.8)
收入净额	12775.2	6901.4	31619.1
预提所得税	—	—	(3470.5)
管理人信托人费用	—	—	(2318.0)
其他信托开支	—	—	(124.5)
税前利润	13285.9	68105.8	20100.7
国内所得税开支	4427.3	21465.0	—
税后纯利	8858.6	46640.8	20100.7

来源于招股章程

　　从表 3 中可以看到，装入 REITs 中的四个优质物业其经营收入主要来自租金收入，还有其他的一些收入，如广告收入。将物业装入 REITs 之后所增加的开支有预提所得税、管理人信托人费用及其他信托开支费用，可以看到预测到 2006 年年末的时候其纯利润为 2.01 亿港元。如果这部分资产不装入 REITs，那么它在 2006 年产生的纯利润可以借这个数据作进一步的推算。首先这部分资产不会发生预提所得税、管理人信托人费用及相关开支，当然这部分资产收益要按国内 33% 的税率缴纳所得税，这样的话就是 $316191 \times 33\% = 10434.3$（万港元），因此，税后纯利润为 $316191 - 104343 = 21184.8$（万港元），这个数字大于装入 REITs 后所产生的收益 2.01 亿港元。

我们再从越投的角度来看看将这四个物业装入 REITs 前后所带来的收益的对比。四个优质物业装入 REITs 后一年中所产生的纯收益为 2.01 亿港元，按照越投占有 REITs30% 的权益来计算，越投从中获得的股利约为 6000 万港元，再加上从管理公司租赁代理公司获得的收入大约是 3200 万港元（管理公司与租赁代理公司按照规定比率提取管理费或报酬），这样越投 2006 年从 REITs 中获得的总收益大约为 9200 万港元；如果没有设立 REITs，这部分资产在 2006 年的纯收益将是 2.11 亿港元，其间约有 1.2 亿港元的差额。但是，问题在于越投通过前文所说的不等价交易，利用所控制的 REITs 在一次性交易中为自己创造了约 4 亿港元的纯收益，所以越投是愿意这么去做的。但这毕竟是一次性交易，今后从 REITs 处获得的收益还得靠 REITs 自身的经营，我们已经看到 2006 年对 REITs 的收益预测数据与未装入 REITs 时所产生的收益相比并不占优势，甚至与之相比还要小很多，依据这些数据我们可以看到越投的一些经营变动趋势。

从图 3 可以看到，越投的净资产收益率在 2005 年达到顶峰，这与事实也是吻合的，这年末在发起设立 REITs 中由于不等价交易所额外增加的 4 个亿纯收入是功不可没的。然而，从 2006 年的预测数据来看，业绩已经出现了下滑的迹象，这说明 2005 年的一次性交易的影响是暂时性的，业绩最终可能还是要回归于自然水平，当然这个自然水平到底今后会是多大，是否就一定超越未设立 REITs 时的水平，这些都有待于市场的验证。

换一只眼看越秀 REITs

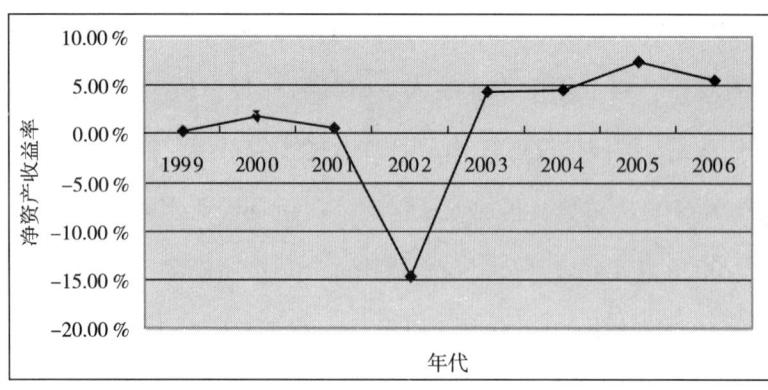

图 3　越投资产收益率

（本文发表于 2006 年《新财经》第 5 期）

+ 理想的印刷伙伴
Your Ideal Printing Partners

成长：思想革新之路
——博瑞传播的资本动作模式资产置换财技分析

　　博瑞投资在借壳上市后利用近3年的时间完成了主要重组过程，1999年8月博瑞传播注册成立英康贸易公司，持有其96%的权益。随后英康公司与成都商报签订《纸张代理协议》，成为成都商报及其参与经营的其他媒体的唯一纸张供应商。同年，博瑞传播又斥资2622万元从控股股东博瑞投资公司手中受让了成都商报发行投递公司93%的股份。这一举措使成都商报的发行投递业务注入到了上市公司内部。2000年11月，公司靠资本市场募集的资金收购成都博瑞广告有限公司41%的股权。

传媒业被视为中国资本市场上最大而且基本保存完好的蛋糕，随着国家文化产业政策的松动，资本正在尝试进入这一十分富有想象空间的处女地。但国内媒体因政策限制和目前的经营模式未与国际接轨，报业传媒上市企业最为人垢病的就是"报纸不像报纸，企业不像企业"，编辑和出版业务因为政策限制不能放进上市公司，因此，报业传媒上市公司只有通过广告、发行和印刷业务获利，无法整合全部资源，因此容易受到市场冲击。在此之前，博瑞传播是个有代表性的案例，值得在国内上市的传媒企业学习和效仿。

一、博瑞模式不可复制吗

仔细了解四川电器自 1995 年上市到 1999 年引入博瑞投资的媒体产业的演变过程，有助于回答这个问题。

被借壳上市的四川电器，是一家在"大三线"建设时期上马的工厂，主要产品是大型高低压电力开关。上市当年的经济效益综合指数在全国高压开关行业位居前三名。就是这样一个在本行业的好企业，自从 1995 年上市以来，却一直在微利边缘行走，始终无法在本行业求得大发展。

1995 年以后，宏观经济一直在紧缩资金的调控中运行，电力开关市场竞争激烈。四川电器在新产品开发和质量方面下了很大力气，而且开源节流，强化成本费用管理，加大应收款催收和销售力度，并尝试进行多元化经营。从财务数据可以看到，生产成本、管理费用、应收款都有明显下降，毛利润率在艰难中爬升，1998 年曾达到四川电器时代最辉煌的制高点，但1999年又跌下来了。上市四年，销售收入基本未增长。

从经营战略和举措上看，四川电器没有明显的失误。而且管理层早就意识到需要用多元化经营来分散单一行业的风险。在上市招股书中，在风险控制对策里已提到，要在巩固发展主业的同时，多渠道寻求合作项目，大力开展多元化经营。

公司在1997年扩股募集了2842万元，希望在1998年抓住"十五"环保产业规划的有利时机，迅速占领环保产业制高点。这些都没有挽回在主业上的颓势，随着销售额和利润大幅下挫，公司开始出售部分房产。

直到博瑞投资成为上市公司的第一大股东后的一段时间，经营层并没有完全彻底地放弃传统业务，而是形成了前轮（传媒）驱动、后轮（电器）跟进的二元经营模式。四川电器的原大股东选择成都商报，出发点是改善产业结构，提高收益；成都商报则可以借此机会实现部分上市，这就是两方成交的客观基础。

二、资产置换财技

成都商报早在1997年7月就将广告等经营类业务剥离出去，成立博瑞投资有限责任公司，准备参与资本市场。1999年博瑞投资与四川电器以95%：5%出资比例成立了博瑞投资控股集团有限公司。就是这家公司受让了原成都市国有资产管理局持有四川电器股份中的27.65%，从某种意义上说，成都商报通过直接绝对控股的博瑞投资公司成了上市公司第一大股东。之后，随着一系列资产置换，四川电器不仅改了名字，实际经营内容也逐渐从开关电器最后转变为彻头彻尾的报业传媒业务，成为一个纯粹的报业上市公司。

博瑞投资在借壳上市后利用近 3 年的时间完成了主要重组过程，1999 年 8 月博瑞传播注册成立英康贸易公司，持有其 96% 的权益。随后英康公司与成都商报签订《纸张代理协议》，成为成都商报及其参与经营的其他媒体的唯一纸张供应商。同年，博瑞传播又斥资 2622 万元从控股股东博瑞投资公司手中受让了成都商报发行投递公司 93% 的股份。这一举措使成都商报的发行投递业务注入到了上市公司内部。2000年 11 月，公司靠资本市场募集的资金收购成都博瑞广告有限公司 41% 股权。

2000 年博瑞传播在传统业务上的亏损严重影响了在证券市场上的表现和投资者的信心。但此时，四川电器有限公司还欠着博瑞传播13364.87 万元的巨额债务，资本负债率高达 48%。博瑞传播最后拿出了一个两全其美的办法：第一步是把对四川电器有限责任公司 13364 万元债权中的 11000 万元进行债转股，注册资本金增至 19000 万元，其中博瑞传播出资 18900 万元，占注册资本的 99.47%。第二步，是把增资扩股后的四川电器 82.15% 的股权、和博瑞投资所持印务公司 85% 股权、广告公司 39% 股权和博瑞地产所持印务公司 15% 的股权进行置换。置换后，博瑞传播将持有博瑞广告公司 80% 的股权、博瑞印务公司100% 的股权，而在四川电器中的股权下降到了 17.44%。

通过这两步资产重组，公司的债务结构得到了很大改善，基本剥离了缺乏盈利能力的电器制造类资产，摆脱了原有主业对公司成长的负面影响。置换进来了一批前景好、附加值高的传媒资产。传媒资产比重由过去的40%左右提高到了90%以上，媒体主营业务更为突出，所拥有的资产组合基本形成了纸质媒体产业的完整价值链，为实现向媒体产业扩张奠定了坚实的基础。

置入的两块资产的交易价格分别是相应净资产的 3.04 倍和 3.56 倍。置出的部分用重置成本法，置入的部分用收入现值法，后者主观判断的成分比较大，具有很大的回旋余地。整个交易结束，四川电器有限公司成功地逃掉了大部分债务，大股东收了一块比较干净的资产——增资后的四川电器有限公司，上市公司以"劣"换"优"，原本要作的坏账准备换成了置入资产的利润；大股东也把自己旗下的东西卖了个高价，同时进一步实现了借壳上市，可谓皆大欢喜。这时，博瑞公司入主四川电器的真正目的已经不是简单地借壳上市了，而是要将这个"壳"改造成全新的"壳"。

博瑞的间接上市模式较为可行。上市企业中仍有一些盘子较小，主业发展潜力小，或主业不突出，增长乏力而尚未沦落为 ST 的壳公司。这样的公司的经营层和股东有引入优质资产，向更有前景的产业转型的企图心。而传媒产业与一般传统产业相比，具有相对垄断性和增值性特点，特别是强势媒体的经营具有较高的毛利率水平。中国传媒业在连续保持十年高速增长后，亟需借助资本市场的力量，传媒企业有和上市公司结合的强烈意愿。在股改未完成之前，博瑞模式仍有很大的操作空间。

将博瑞传播与传媒自由化程度很高的香港资本市场的几个主要报业公司做比较，博瑞在经营业绩上不输于香港同行，从各上市公司净资产收益率数据看，超过博瑞的只有东方报业和 SCMP。而赛迪无论从收益率绝对值还是走势，只比星岛新闻强，无法与其他香港上市媒体相提并论。

我们看到的是在资本力量的驱动下，负责任的上市公司主动选择更有成长潜力的产业实现转型。传媒业就是这样一个朝阳产业，必然被选择承担起拯救传统行业上市公司的重担，不仅如此，其他行业的公司，也可采取这种做法，在资本市场上实现产业结构调整和升级。

（本文完成于 2006 年 作者郑磊、方志国）

以色列政府坐庄，玩转创业投资

　　以色利政府在 1991 年就在风险投资引导中实施股权担保计划，INBAL 就是最为典型的模式，政府通过给予投资损失的担保促进公募风险基金的发展。在 INBAL 中的运作机制是，政府给予在以色列国内 TASE 上市的风险基金 70% 的权益担保，同时要求风险基金投资于规定的行业或阶段。数年后这种模式帮助形成了 6 个基于贸易的风险投资基金，每一个基金大约有 1500 万美元到 2000 万美元左右的资本。

以色列政府在发展国内的风险投资中发挥了积极的作用，特别有效的是通过政府股权投资于混合资本，撬动了大量海外投资基金及国内民间资本的进入。当国内的风险投资逐步发展与成熟起来的时候，政府成功地从原有的权益中退出，主要是通过出售给民间的方式实现私有化。具体来说，以色列主要通过在以下方面的努力而有力地推动了政府实施的股权投资计划，从而促进了国内风险投资的发展。

一、相关投资法规

为了促进风险投资活动，以政府采取了给予高技术投资项目投资补贴和减免税等优惠政策。根据《投资促进法》，以色列政府对满足下列条件的投资项目给予政策倾斜：

（1）项目具有高技术含量和高附加值，在国际市场上具有竞争力；

（2）政府资助的项目投资只能用于购买新设备和厂房建设，投资者必须具有30%的自有资金；

（3）项目从政府批准之日起必须在三年之内完成，第一年至少要完成整个项目工作量的25%。凡是满足上述条件的项目，政府依据区域发展政策制定的不同区域，给予程度不同的投资补贴和减免税政策。

以色列以前对国内机构投资者介入风险投资有着严格的限制，包括养老金和保险基金，但是一直以来却在大力引进美国等国外的机构投资基金进入国内风险投资，并取得了大量实效。20 世纪 90 年代，北美及欧洲一些国家的机构投资者在风险投资上投入了自己 3% ~5% 的资本，而同期以色列机构投资者的投入只占 0.2% ，他们大量投资在国债等一些有较高安全性的产品上。而近年来，政府开始考虑放松养老金、保险金等机构投资进入风险投资的限制，立法已经同意将集合资金投入风险投资基金。工业与贸易部正在计划利用政府的股权担保来吸引国内机构投资者进入风投。在国家的财政预算安排方面，研发支出费用中有90%是用于参股风险投资基金，以支持引导风险投资的发展。

二、税收激励

一直以来，以色列很少通过直接税的优惠措施来刺激风险投资，通常它的边际税率高达52%。1959年的投资促进法引入了有限的条款对于从合法投资中分得的红利实施优惠的资本利得税。2002年7月，一项新的税收改革颁布了，旨在对国外投资者在国内高科技企业初创期的风险投资中的资本利得实施永久豁免。如今，以色列大多数高科技含量的企业的初创期建设都引入了美国或其他国家的风投资本，主要归因于当地的税收激励政策。同时，以色列政府不限制海外基金在各行业中的投资权益及比例（除了银行、保险、及国防相关行业）。并且保障这些海外投资公司能够很便利的回收投资收益。为了防止资本利得流出多于流入的问题，政府开始实施更为有力的税收激励政策。

对于风险企业，政府鼓励推行员工持股及股票期权等激励机制，在税制上有专门的制度设计以配合这种激励机制。这种制度设计包括税制的高度透明性和优惠税率两个方面。根据一定条件和程序，持股的职工可以得到一定程度的资本利得税减免，从而使企业的经营效果与职工的利益更加紧密地挂钩，有效地刺激了管理人员、技术人员以及职工的工作积极性。

三、政府股权投资计划

（一）股权投资——YOZMA 模式

对于推动风险投资最主要的力量还是以色列实施的政府股权投资YOZMA 计划。1993 年政府开始实施 YOZMA 投资计划，到 1998 年政府成功退出，YOZMA 在它几年的运作中较好的完成了历史使命，为促进以色列风险投资事业做出了不可磨灭的贡献。为启动风险投资，学习国外有限合伙制，获得国际资本的合作支持，以色列在 1993 年创立了YOZMA 基金计划，最初的政府基础资本为 1 亿美元。政府将这个基金的运作定位于两个方向：其一是拿出其中的 8000 万美元投资参股私募风险投资基金；其二是拿出剩下的 2000 万美元直接投资高科技产业。目的是推动民间基金投资于高科技产业的种子期、初创期。政府希望借此来建立国内私募的有限合伙制基金联合政府扶持基金及海外著名投资机构的投资平台，推动风险资本投资高科技企业的初创期。后来，YOZMA 基金衍生发展为 10 个子 YOZMA 基金，每个子基金筹集的规模当时大约是 2000 万美元左右，都是由本地的投资机构和一个海外机构投资者组成，同时要承诺投资于风险投资的初创期，在这些条件下，以色列政府对子基金会注入大约 40% 的投资。对于海外投资者，以色列政府用股权担保、税收优惠等手段吸引他们加盟。当国内风险投资逐渐成熟与发展起来后，政府则主动退出，通过开始订立的期权价（一般为成本价或仅在成本价上再加 5% ~7% 的收益）将政府手中的大部分权益卖出，以达到私有化的目的。YOZMA 的这种投资引导模式最大的特点是通过政府股权投资及引导，撬动了大量的海外资本（特别是美国投资基金）和民间资本，在随后的几年里通过资本杠杆作用，使投入的资本总额由 1 亿美元增长到 2.5 亿美元，并成功投资了 200 多个风险企业的初创期，为国内风险投资的发展作出了重要贡献。

2002 年，以色列工业与贸易部在 YOZMA 基金模式之后建立了一个种子基金，这个基金规模不大，只有 1100 万美元，投资于企业的初创期，目的在于撬动私人资本，政府种子基金在风险投资中一般占有 50% 的股份，但政府不委派董事参与具体经营，5 年以后，私人投资者会按成本价加一个合适的收益率从政府手中将剩余部分回购下来。

（二）股权担保——INBAL 模式

以色列政府在 1991 年就在风险投资引导中实施股权担保计划，IN-BAL 就是最为典型的模式，政府通过给予投资损失的担保促进公募风险基金的发展。在 INBAL 中的运作机制是，政府给予在以色列国内 TASE 上市的风险基金 70% 的权益担保，同时要求风险基金投资于规定的行业或阶段。数年后这种模式帮助形成了 6 个基于贸易的风险投资基金，每一个基金大约有 1500 万美元到 2000 万美元左右的资本。由于国内证券市场的低迷，INBAL 基金在股市上的估价都很低，基金的管理运作中没有引入有专业素质的风险投资管理者，加上国内的官僚行政主义，最终 INBAL 模式以失败而告终，YOZMA 模式和 INBAL 模式动作效果如下表所示。

两种模式运作的对比

YOZMA	INBAL
在以色列引导了大规模的风险投资	没有引导大规模的风险投资
大多数 YOZMA 子基金排名位于国内风险投资公司前 20 名之列	没有一个 INBAL 基金排在国内前 20 名
投资主要集中在高科技企业的早期	不仅投资于早期，也投资于中后期
以它为模板，衍生了不少子基金	没有衍生多少上市的子基金
从全球范围融资，引入了战略投资者	没有带来任何国际资本及投资者
推动建立以色列风险投资协会	没有涉及
私募基金有很好业绩表现	私募基金没有很好的表现
子基金系列有强劲的增长	衍生基金资本没有强劲的增长
YOZMA 启动之初通过直接而快速的投资带动社会投资基金进入	没有引入机制促进 INBAL 基金快速进入投资，因而缺乏一个大规模的带动效应

四、建立天使资本网络、搭建科技合作与管理平台

以色列风险资本中很大的一个部分来自于本国及国外富有的个人、家族群体，特别是美的天使资本。以色列政府通过税收激励政策和其他的措施吸引国外天使资本、风险投资基金、机构投资者、跨国公司及个人，并将他们有效的连接起来，形成一个庞大的投资网络。很多的以色列风险基金还在美国欧洲等国家设立了代表处或分公司，帮助联系寻找共同投资者，同时，这些设在国外的机构还在跟踪关注海外技术及市场发展的最新动态。这些关系的维系对于发展本土的风险投资起到了有利的推动作用。

政府为本地基于风险投资的公司建立了与国际科技研究合作与交流的联系，例如美国—以色列科学与技术委员会，美国—以色列双边工业

研究与发展基金会（BIRD），后者早在上世纪 70 年代就成立了，主要为初创期企业的科技研究提供赞助。据统计，以色列后来在美国 NAS-DAQ 上市的企业有 40% 是由这个基金会赞助过的。此外，政府还实施了一系列的运作程式来改进天使资本所关心的中小企业创业投资准备阶段的问题。政府设立了针对中小企业管理与培训的机构—ISMEA，政府相关机构如贸易研究院、工业研究中心等也为中小企业家及公司管理产品服务等方面提供帮助。工业与贸易部支持建立了许多的技术孵化器，这些孵化器对技术专家或企业家在企业初创期提供政策建议、设施以及资金支持。第一个孵化器项目在 1991 年成立，每年为风险企业的种子期投入达 3000 万美元。正是这些科技研究扶持及管理服务等方面无形资产的投入，使得国内外天使资本对以色列风险投资的种子期充满了浓厚的投资兴趣。

五、资本市场与退出

在 1994 年以色列股票市场崩溃之前，以色列的股票市场 TASE 也只是为很有限的科技企业提供退出及清算渠道，从 1994 年之后，大多数的以色列公司都选择了赴美国和欧洲等海外国家上市，TASE 已远远不能与国际股市相比了。2000 年，以色列政府修改了证券法，允许国内公司同时在美国和国内 TASE 上市，编制了 TEL—TECH 指数来监视高科技上市公司以及风险投资基金的运行情况。

海外资本市场在以色列风险企业的退出方面起到了非常重要的作用，以色列风险企业在退出渠道上采取的 IPO 或者并购方式大多数都是在海外资本市场上实现的。1997 年，以色列有 22 个企业在美国上市，3 个在欧洲上市，共筹集到 8 亿美元资本金。2000 年的时候，以色列在 NASDAQ 上市的企业就已经达到 120 多家。至今，以色列在美国纳斯达克上市的公司数量居世界第三，仅次于美国和加拿大。除了积极的利用 IPO 方式进行退出外，以色列风险资本还积极推动并购的方式来退出。1999 年，以色列修改了公司法，废止了不少限制性措施，为国外资本对国内的收购提供了便利。

六、其他 OECD 国家在创业投资中的股权投资引导简介

创立于 1994 年的欧洲投资基金（EIF）的总部设在卢森堡。最初的启动资本大约有 20 亿欧元，其中的 17.8 亿是通过欧盟委员会及各银行的捐赠获得的。在 1996 年末的时候，EIF 基金通过了一个协定，准备向小企业进行股权投资。7500 万股权投资的预算中的大多数被用于高成长性的小企业，对小企业的要求是员工总数不超过 500 人，净资产不超过 7500 万欧元。EIF 同时为风险投资提供了贷款担保，担保额度覆盖了总投资成本的 50%。在欧盟的预算之内，还有另一个资本获得渠道，即欧洲地区发展基金（ERDF），这里资金大多数是对风险投资给予无需偿还式的资助。例如，爱尔兰曾经接受过 ERDF 基金 3300 万的无偿还式的资助，以帮助建立 6 到 8 个风险投资基金。

比利时：比利时佛兰德斯投资公司（GIMV）创建于 1980 年，是一支作为先驱者倡导由独立的私人经营公司来运作的政府支助的风险投资基金。GIMV 公司一般投资于高科技企业，所以主要关注比利时的佛兰

德地区。GIMV 总共获得的政府融资达到 45 亿法郎，其中 20 亿法郎是来自再投资而获得的红利或称为资本收益。GIMV 原来是政府百分之百控股的，不过现在所有者范围已经拓宽了，同时比利时的风险投资市场已经日趋成熟并且对私人资本来说越来越有吸引力了。现在 GIMV 公司中私人所有的比例是 15%，不过很快会增加到 25%。

比利时的其它两个地区（布鲁塞尔—比利时的首都和瓦龙）也都拥有政府资助的风险投资基金，这两支基金分别是布鲁塞尔的 SRIB 和讲法语地区的 SRIW。这两支基金与 GIMV 的不同之处在于：（1）相对高科技风险投资性而言，它们显得更加产业化；（2）它们的投资政策获得了更多的政府导向而不是主要由私营成分来操作。虽然 SRIB 和 SRIW 没有把投资重点放在起步阶段和高科技企业，这些领域也并不会完全被忽略。例如，在 SRIB 的支持下，1992 年有接近 4 亿法郎的公募基金被分配于建立一支地区基金 Brustart，这支基金就被委托投资于初创期企业。到现在为止，Brustart 基金已经投入了 1.5 亿法郎到 30 家企业，其中 8 家是高科技企业。

爱尔兰：爱尔兰的 Forbairt 是从属于政府的企业与就业部，它实施了几个计划来促进风险资本及小型高科技企业的发展。其中一个计划就是 5 年计划，例如 1994 到 1999 年它每年以优先股的形式投入中小企业的资金达 1200 万爱尔兰镑，它通常是直接以现金的方式投入。Forbairt 基金不仅对私人投资基金进行投入，也希望促进企业家对本企业进行投资。爱尔兰还从 ERDF 基金那里获得了 3300 万爱尔兰镑的无偿式的资助，以帮助建立 6 到 8 个风险投资基金，其中 ERDF 提供 50% 的份额，其他的部分由私募基金注入。

加拿大：加拿大有政府风险投资基金，用于填补投资市场的空白。在1994年的时候，政府的投资基金就占到了整个加拿大风险资本的9%。除了BDB风险投资基金比较大以外，大多数都是地区性的政府基金。BDB是政府所有的一个银行，专门从事于小企业的融资服务。这个银行对很多的高成长性企业进行了直接股权投资，同时也对一些私人股权资本进行投资，它具有一套周密的程序投资于知识密集型的企业的初创期。BDB除了进行股权投资以外，它还为高成长性的企业和投资公司提供其它的额外服务。例如它为企业提供风险贷款，有点类似股权投资性质，目的是为企业获得积极稳定的经营现金流，同时它还为企业的早期发展提供财务、融资、发展战略方面的咨询和对企业进行管理培训。

苏格兰：苏格兰政府建立了股权合伙投资基金（SEP），是一个大约有2500万英镑的一个混合基金。SEP由苏格兰德风险投资企业家进行管理，投资偏向于高技术企业的种子期，投资额一般要小于50万英镑。SEP基金的50%是由私人部分投资注入的，并且私人部门的投资权益得到了欧洲投资基金（EIF）的担保。

德国：德国在BJTU共同投资模式之后又创造了BTU模式（对小型高技术企业的风险投资），BTU的运作是从1995年3月到2000年12月。BTU以新产品或服务的方式为企业提供基金，这些企业必须是创立期限未超过10年的，员工要达到50人，年周转资金不低于1000万澳大利亚元（对德国东部的企业，后两个条件分别是员工需要达到250人和营业额不低于4000万澳大利亚元）。政府融资注入最大额为300万澳大利亚元，年限可能为10年，而其先决条件就是其他的投资者的投资额必须不低于相等金额。BJTU 项目中 30% 的权益可以在任何时候被公司回购。在投资前 5 年，政府对私人投资部分的 50% 的投资权益提供担保（德国东部是 70%）。

七、政府在创业投资中的股权投资引导比较分析与启示

通过前面对以色列与 OECD 其他国家在创业投资中的比较，可以发现以色列的成效是最为显著的。与 OECD 其他国家相比，以色列的风险投资在 90 年代末到 21 世纪初的时候对 GDP 的贡献是最高的，一度超过 GDP 的 2%。在 1998 年至 2003 年间，以色列从国外引入的风险投资总计在 82 亿美元左右，全部投入高新技术产业，人均风险企业数量居世界第一，以色列的风险投资规模在 OECD 成员国中位列前茅。而在历史的同一时期，OECD 其它成员国也都在国内实施了政府扶持政策，对创业投资进行了股权投资式的引导，但以色列却能在这一竞争中鹤立鸡群，出类拔萃，究其原因，可以发现以色列在以下几个方面给予我们有重要启示。

（一）以政府的股权投资引导对象包括国内和国际两种力量

政府设立或发起股权投资引导基金首先要解决的一个问题是引导对象，简而言之就是引导谁的问题。以色列与 OECD 其他成员国在这个基本问题上就有着显著的区别。以色列政府在股权投资引导中不仅成功地引导了民间私人资本，而且也成功地引导了海外投资基金。这是以色列与其它国家相区别的最显著的特点，也是推动以色列风险投资事业蓬勃发展的主要原因。当然这与以色列从政策引导与合作激励等方面的努力

是分不开的，例如股权担保，税收激励等。到 2000 年的时候，以色列风险投资基金筹措额达到 70 亿美元，仅在 1998～2003 年间，以色列就从国外引入了 82 亿美元的风险资本。OECD 其它国家政府在以股权投入参与风险投资基金中的主要目的都是为了撬动国内民间资本。在这一方面政府也作了大量的努力，对于引导民间资本起到了促进作用，但成效远没有以色列那么显著。

由此可见，以色列政府在创业投资中的引导对象不仅包括了国内民间资本，而且特别关注于撬动海外投资基金，这是以色列与其它 OECD 国家相比具有鲜明特色的一个地方，也是值得我们去深思与借鉴的一个方面。

（二）以政府股权投资引导基金的发起是"1 + 2"三者相融模式

要让政府在股权投资中的引导作用真正发挥出来，首先必须考虑的是实质的引导模式，解决如何引导的问题涉及到引导基金的结构组成模式。OECD 国家在创业投资引导基金中有的是由政府在里面占了一个很大的比例，而民间资本开始只占一个较小的比例，有的甚至是政府以全资设立的方式组建这种投资引导基金。比利时的 GIMV 基金中政府开始是百分百的控股，后来私人部分增加到 20% 左右。苏格兰政府创建的股权合伙基金中，民间与官方各占一半。加拿大引导基金业主要是政府与民间的混合，政府投资的基金占整个风险投资基金的 9%。这些 OECD 国家的政府股权模式大致是政府以一定比例配比民间资本，开始的时候政府所占份额较大，后来逐渐减少甚至到完全退出。而以色列在创立政府引导的风险投资基金中运用的模式是政府＋民间资本＋海外资本，是以政府为基础加上了民间与海外资本即"1 + 2"模式。是三者相融合的股权投资基金。政府后来参与设立的 10 个 YOZMA 子基金，每个大约 2000 万美元，通过各种优惠政策引入国外资本，并对符合投资要求的基金由政府再注入 40% 股份，实现多种资本的相互融合。这种模式不仅增强了资本实力，而且有利于资源的优势互补。

（三）股权投资引导基金的运作管理突出重点与目的性

以色列的"1 + 2"融合型投资基金在政府的引导下具有鲜明的运作与管理特色。投资基金的日常经营运作并不由政府方面掌控，将经营运作权交给富有投资管理经验的一方，并且政府许诺在一定时期会退出，让社会资本以成本价或确定的一个较小的收益率收回政府股份。但政府在建立这样的混合资本之前已经明确这种投资基金必须投资于高科技企业的种子期或早期，这体现了以政府引导基金具有明确的目的性。民间风险投资基金及海外基金都喜欢投资于项目企业的中后期，特别是到已经能看到可预见的商业利润的时候才投入进来。种子期与导入期对于大多数项目公司来说是一个具有高度风险的时期，是他们生死存亡的关键时刻，也是最难引入投资基金的时期。以政府通过优惠政策及股权担保等措施确保这类基金投资于科技企业初创期，将商业性投资基金经常投资于中后期的这个阶段向前推移，从而弥补了传统商业性投资基金的不足，为以色列科技企业的发展作出了积极的贡献。

（本文发表于 2006 年《新财经》第 7 期）

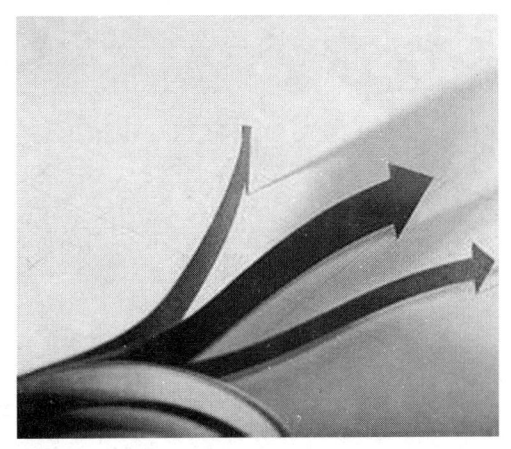

关于产业基金管理公司报酬机制的建议

业绩激励是一种比较容易让我国投资者接受的方式，也是奖优罚劣的良性竞争手段。它将基金持有人的利益和基金管理人的利益有机地捆绑在一起，不仅可以保护持有人的利益，也可以维护基金管理人的合法利益。业绩激励模式成为基金产品设计和营销的一个利器，也可以成为基金公司引进优秀基金管理人才的重要砝码，促进基金业的有序竞争。

一、加快制定和完善产业投资基金相关法规

产业投资基金实际在国内出现已有多年了，但由于各种原因的影响，至今没有正式出台一部相关的法规。而已有的产业投资基金或者是有着特殊的政府背景下成立的，或者是在当局的默许下运行的，因此，已经存在的产业投资基金从募集设立到运作都没有一个规范的指导与监管，还处在摸石头过河的境地。随着国内金融环境的不断改善及资本市场的进一步发展，产业投资基金的作用日益凸显，特别是在"十一五"期间，我们国家的经济建设进入了一个新的层次与高度，各部委及地方都在加紧筹备组建各类产业投资基金，以期为当地的经济建设作出更大的贡献，因此，加快制订产业投资基金相关法律法规是一项刻不容缓的工作。

尽快研究制定和颁布《产业投资基金管理办法》，使试点期间即有法可依。由于产业基金主要直接从事产业投资，因而与证券基金相比，其发起、募集、设立和运作等各个方面均具有自身不同的特点。尽管国际创业投资基金的发展为我们提供了有益的借鉴，但由于国情不同，我国所要发展的产业投资基金与国际上的创业投资基金也有较大的差异。为此，我们一方面必须尽可能地借鉴国际创业投资基金运作的基本经验，另一方面又必须充分考虑我国产业投资基金运作的自身特点和具体国情。制订产业投资基金法可以遵循以下思路。

（一）有效的绩效评价指标体系

首先，基金的投资组合绩效评价是建立基金管理人激励机制的基础，

也是管理者的价值判断标准。如果没有一个科学、合理、统一、有效的绩效评价指标体系，那就无法对基金管理人的劳动成果作出正确评价，也无法对他们作出公平的奖惩。激励机制的有效性依赖于绩效评价指标体系，评价体系越有效，激励机制就越有效。然而，在评价基金绩效时，收益率不是唯一的，也应看到投资者在获取既定收益率时付出了多大的风险代价，于是风险成为基金绩效评价中第二个重要的指标。因此我们应从风险调整后的收益状况等方面对基金绩效进行全面、正确的评价。

其次，政府应该统一制定、出台与基金的投资组合绩效挂钩的基金管理人激励规范化合约。为了使各个基金管理人能够获取合理、公平的激励，政府有权利也有义务，根据不同基金类型、不同基金规模，制定、出台公平、合理、公开、透明的与基金绩效密切关联的基金管理人激励规范化合约指南。

政府应该制定、出台相应的政策，具体明确基金的投资组合绩效评价和基金管理人激励的操作程序和办法。作为基金管理人本身，当然不能够自己评价自己的劳动成果和自己决定自己的报酬。为了体现公正、客观，具体工作应该由社会中介机构负责，并接受广大投资者的监督，政府只需负责出台具体的操作程序和办法。

（二）推动修改《公司法》等相关法律与规定

进一步丰富、完善激励手段。比如在非对称信息条件下，为了激励基金管理人努力工作，必须给予基金管理人对基金的部分剩余索取权并使其承担部分经营风险，以增加基金管理人与基金投资者的激励相容程度。基金管理人分享基金剩余索取权并承担经营风险的途径之一是让其持有基金份额。现在虽然也要求基金管理人认购一定比例的基金单位，但现实比例不高。为了提高激励相容程度，应该适当的提高基金管理人持有基金份额的比例，并严格限制其转让，尽可能使基金管理人与基金投资者的利益休戚相关。

（三）建立健全产业基金法律体系，加强法律监管

我国发展产业投资基金，与证券投资基金及创业基金都有差异，没有现成的国际法规可援引，监管经验也不足。产业投资基金应先行试点，在试点过程中逐步建立和完善法规监管体系，制订完善的法律体系，当然也要涉及到产业基金的治理结构、激励机制、风险控制等等方面。目前应尽快制定《投资基金法》《投资顾问法》《投资者利益保护法》等，目前可考虑先制定《产业投资基金管理暂行办法》，使试点过程有法可依。《办法》的制定既要借鉴国际创业基金的运作经验，又要考虑我国产业投资基金运作的自身特点和具体国情。为了切实保护投资者利益，规范产业投资基金的运作，应充分赋予《办法》对基金发行、募集、设立和运作全过程进行严格监管的法律权威。

（四）建立健全积极用人机制

尽快培养我国的基金管理专业人才。可考虑以下办法：一是建立基金经理资格认证制度，通过严格的考试，对于符合基金经理人资格条件的才允许进入市场；二是加强对基金经理人的管理，规范其行为，对于违规的基金经理进行严厉的制裁；三是加强与国际同行的合作与交流，可考虑引进与送出培训结合的办法，尽快培养出我们自己的较为完善的队伍；四是对现有的保管人业务进行改组，选出实务雄厚、资信好、人员素质较高的单位进行试点，并逐步向专业化保管公司发展，使其成为真正的基金保管机构；五是与国外机构合作，有选择地引进国外信托银

行或组建中外合作的基金保管机构。

（五）政府在产业投资基金的发展中应发挥导向作用。

产业投资基金作为一种商业性的投融资主体，其市场化运作原则与发挥产业投资基金的政府导向作用并不矛盾。政府不宜干预基金的运作，但可以根据产业政策和区域发展政策，通过对基金的设立审批程序和基金的基本投资限制来发挥必要的导向作用。另外还可以对设立的向国家鼓励发展的产业定向投资的基金在税收上给予一定的优惠政策。因此，产业投资基金根据国家的产业政策作出符合自身发展的投资战略，增加了国家产业政策的可操作性。

二、强化基本管理费加业绩报酬的分配模式

产业基金管理人的报酬分配一般可分为三种方式：固定管理费模式、管理费用加业绩报酬模式及完全的分成模式。结合目前我们国家的实际来看，需要强化基本管理费加业绩报酬的模式，它实际上是一种向分成制过渡的模式。

（一）基本管理费

1. 实行浮动的基本管理费

在我国，证券投资基金管理费率实际上就是一种较固定的费率，具有政府定价的性质，不是市场机制作用的结果。我国的基金管理费率大多数为1.5%，比国际上的平均水平高得多。在美国，基金每年的管理费通常不超过基金净资产的1%，有的甚至低到0.7%，日本的基金管理费也只相当于基金净资产值的0.7%左右。这似乎可以用目前我国的

证券投资基金还处于发展初期，基金规模远不能与基金业发达国家的基金相比来解释。基金管理费率实行政府统一的费率标准削弱了管理费率对市场资金流动的导向作用，损害了资本市场资源配置的功能，而市场功能遭受损害，基金管理人的激励——约束机制就无法建立。

因此，在国内发展产业投资基金之初，要以证券投资基金为戒，不同类型的基金应该实行符合自身规模结构等特点的浮动管理费率，而不能由政府出来定价干涉，一刀切的做法在证券投资基金中的危害已现端倪，产业投资基金在创立之初要吸取这个教训。另外通过实行浮动费率的方式，也能加强基金管理人之间的良性竞争，从外部给产业基金管理人带来了激励效应。

2. 控制管理费率，减少基本管理费权重

产业基金管理费与产业基金绩效是成负相关系，也就是说，随着基金管理费率的上升，并不能促进基金管理公司提高业绩，它们之间没有必然关系，甚至起了反向的作用。因为基金管理费是按一个固定的比率从基金净值中提取的管理人的基本收益，它具有旱涝保收的特点，而产业基金多是对未上市的实业作股权投资，基金的资本额一般都很巨大，至少都在几十个亿甚至上百亿以上，即使一个很小的比率都会令基金管理费成为一个巨大的数额，而这对于产业基金管理公司来说已不是一笔小的收入数目了。而在没有出现业绩的情况下就已经知道基本的收入，这将使得产业基金管理人没有足够的动力去为基金创造更大的价值，甚至有可能会令产业基金管理人产生保守不进取或者维持现状、得过且过的后果。因此，着力控制基本管理费率、减少基金管理人的有基本依靠的安全感，从而去激励管理人努力工作就成为产业基金管理公司报酬分配中首先要解决的一项重要措施。

（二）加大业绩报酬激励

产业基金管理人的业绩报酬与基金绩效有着较强的正相关系，随着业绩报酬的加大，基金绩效有上升的趋势，加大业绩报酬能有效地激励基金管理人的行为。

激励契约理论认为，代理人是风险规避者，即基金管理人宁愿拥有一笔较少但稳定的收入，而不愿意去追逐更多一些但受不稳定、受不可预知和不可控制的随机因素影响的收入。因为基金管理人不承担或较少承担风险，那他的报酬依赖于它的代理成果和代理行为。经过以上的实证分析，我们知道基金管理费与代理成果即良好的基金收益水平没有正相关性。因此我国必须引入产业基金业绩激励，延长激励契约时序，增强管理人报酬与基金收益水平的相关性，吸取证券投资基金的经验教训，改变原有的单一的激励机制对管理人激励低效率的现象。

因此，基金管理费可以以基金净资产净值的某一较低的百分比（如1.0%）为基数提取，同时根据基金相对于同一时期同一行业的已实现的超额利润提取业绩报酬。这一方面可以保证基金管理人按照所管理的基金资产净值获得一定的基本收入，另一方面，由于基金管理人的报酬与基金超额利润挂钩，可以激励基金管理人去追求基金收益的最大化。在国外的实践运作中，与不采用业绩激励模式的基金相比，采用业绩激励模式的基金展现出了更好的股票选择能力。它激励基金管理人更加努力工作，提高组合投资的收益，还可以拒绝那些无能的基金管理人，并吸引优秀基金管理人加盟。在看到业绩激励模式提高基金收益的同时，业绩激励条款安排对投资者的最大不利之处在于可能刺激基金管理人加大投资组合的风险。如果在业绩激励费条款中能够加入适当的风险限制条款，限制基金管理人为追求高的业绩而忽视基金资产的稳健成长，这将使激励契约更加完美。

当前，我们国家正在初步创立产业基金，今后会逐步发展与规范起来，在产业基金发展的早期适当地引入业绩激励模式，试行基金管理费的创新设计，将具有非常重要的意义。业绩激励是一种比较容易让我国投资者接受的方式，也是奖优汰劣的良性竞争手段。它将基金持有人的利益和基金管理人的利益有机地捆绑在一起，不仅可以保护持有人的利益，也可以维护基金管理人的合法利益。业绩激励模式成为基金产品设计和营销的一个利器，也可以成为基金公司引进优秀基金管理人才的重要砝码，促进基金业的有序竞争。

（本文完成于 2007 年）

某药业有限公司整体改制方案(摘要版)

1. 基本原则

● 经营者通过新设有限责任公司，再以增资扩股形式参股改制后成立的股份公司。

● 形成健全的约束机制，经营者通过新设有限责任公司出资达到间接持股，感受到风险和压力。

● 形成健全的激励机制，使经营者通过出资设立有限责任公司，然后以所设公司持股享受通过自身智力资本所创造财富的相应增值部分。

一、公司的基本概况

（一）公司简介

安徽某药业有限责任公司（以下简称 B 药业）隶属于上海某实业（集团）有限公司（以下简称 C 集团），是由原海军企业演变而来。B 药业的前身是安徽省某制药厂，1998 年由部队企业转属 C 集团，由国资委监管。2002 年 11 月，安徽省某制药厂进行改造，经 C 集团上级公司中国海洋航空集团公司［2002］187 号文批准，由上海 C 实业有限公司和上海 C 出租汽车公司共同发起设立 B 药业，注册资金为 3100 万元。其中，C 集团出资 2790 万元，持有 90% 股权；上海 C 出租车汽车公司出资 310 万元，持有 10% 股权。公司经营范围：各类中西药的制造和加工，非许可证管理的半成品和化学原料药、营养保健品。

（二）公司资产状况

根据资产评估机构的评估结果，B 药业截至 2006 年 12 月 31 日，总资产为 1.3 亿元，负债为 8482 万元，净资产为 4612 万元，主营业务收入为 1.15 亿元，净利润为 405 万元。

（三）公司人员状况

B 药业现有在册职工总数为 520 人，其中专业技术人员 198 人，管理人员 31 人，营销人员 89 人，生产及辅助人员 362 人，后勤服务 15 人，实行全员劳动合同制。其中国有身份 242 人，社会招聘 278 人。

另外，公司有内退人员 1 名，病休 3 名，工伤 7 名，退休 31 人，自行离岗 1 人。

二、改制的必要性与可行性

（一）改制的必要性

党的十六大要求继续调整国有经济的布局和结构，改革国有资产管理体制；要深化国有企业改革，积极推行股份制，发展混合所有制经济。随着改革的深入，作为国有经济的主体，国有资产相对集中的大型国有企业集团及其下属公司的整体改制，已经成为国企改革的核心任务和改革进入更深层次的标志。

与此同时，安徽省国资委鼓励国有企业进行战略性重组，按照做大做强、产业关联、产品相近、优势互补的原则，支持优势企业兼并、收购劣势企业，大企业兼并、收购小企业。鼓励优势企业在自愿的基础上联合重组，推进优质资产向优势企业和优势产业集中。

从未来发展看：市场经济竞争的结果就是锄弱扶强，资源向大企业靠拢。在如此竞争激烈的当前，企业不做强做大，就有被吃掉的危险。只有抓住产权改革这个根本，通过明晰产权，进行经济结构的战略性调整，建立一切经济活动围着市场转，高度重视市场开发，加强市场营销，提高产品市场占有率的市场开拓机制，形成具有持续盈利能力和抗风险能力的强大企业集团，才能促进区域经济和企业内部协调发展。

从存量资产看：通过产权改革可以盘活公司现有存量资产，引进增量资金，可以重组经济结构、业务结构，优化资源配置，构建新型资产营运新机制，从而提高社会效益和经济效益。

从机制创新看：通过产权改革，可以更好地建立适应市场要求的全新的现代化企业经营理念、管理体系、营销模式、营运流程、激励机制、约束机制和分配等机制。

从利益相关者看：通过产权改革，可以彻底解决所有者与经营者相分离而引起的代理成本问题，使最终拥有产权的经营者更加注重企业的经营风险和经济效益，从而达到企业利益相关者之间共同多赢的局面。

（二）改制的可行性

1. 改制的政策环境已经具备

党的十六大就国有企业改革明确指出，"除极少数必须由国家独资经营的企业外，积极推行股份制，发展混合所有制经济"。党的十六届三中全会通过的《中共中央关于完善社会主义市场经济体制若干问题的决定》中，进一步明确指出"有条件的企业要积极推行投资主体多元化"、"推动混合所有制经济发展"等。这为国有企业的产权改革指明了方向。

2002 年，原国家经贸委经贸企改〔2002〕859 号文《关于国有大中型企业主辅分离辅业改制分流安置富余人员的实施办法》，2003 年国务院国资委《关于进一步明确国有大中型企业主辅分离辅业改制有关问题的通知》，2005 年国务院国资委又出台了《关于进一步规范国有企业改制工作实施意见》，这些文件精神为 B 药业的改革提供了现实操作的原则和方法。

2. 改制的内部环境已经成熟

经过多年的市场锤炼和现代企业制度的逐步建立，公司内部已初步形成了一套较为规范的经营管理机制与运作体系，适应改革的基本条件已经成熟：一是已具备了改革的思想基础。二是管理体系较健全，机制较为完善。自 2002 年改制设立有限责任公司以来，公司就开始实现了资产与经营目标相统一的管理格局。并初步建立了工资与责任、绩效挂钩的分配、激励和约束机制。三是营运模式良好。目前公司基本形成了业务多元化、产品多元化的营运模式。四是具有一定的成长性和可塑性。多年来，公司一直保持了稳定、良好的发展态势，并且主动自觉地调整企业发展战略，形成了以中西药研制与加工为主营业务的雏形。

3. 公司拥有一个懂政策、善管理并且勇于改革，敢于承担责任和风险的管理团队

经过多年的人才培养和大浪淘沙，目前，公司已拥有一个懂政策、善管理且又勇于改革并愿承担责任和风险的管理团队。这个团队具有以下几个特点：一是比较成熟。这个团队具有较强的使命感和责任心，同时又有较高的经营管理素质和实践经验，在他们的带领下，公司发展规模从小到大，公司市场竞争能力从弱到强。二是思路清晰。这个团队具有较强的开拓、改革意识，对公司的改革与发展有明确的思路和清晰的战略设想。三是班子团结。在这支管理团队中，公司班子是团结的，并具有较强的组织实施能力，深受广大职工的信任。

三、改制的目标与原则

（一）改制的总体目标

在 C 集团层面改变国有独资的产权形式，通过增资扩股，引进战略投资者，同时让经营管理者增资参股，实现股权多元化，将公司改制为股份制企业，建立规范的现代企业法人治理结构和有效的激励、约束机

制，并为今后上市打下基础。

（二） 改制的基本原则

发展原则：改制、重组以促进企业持续发展为根本目的，一切服从于企业做强做大并不断发展这个总目标。

稳定原则：改制、重组必须做到企业领导层和员工的思想统一，改制、重组循序渐进，保持企业稳定，确保改而不乱。

优化原则：改制、重组要实现产业结构优化、资产质量优化、治理结构优化、运行机制优化。

协调原则：改制、重组必须保证国家利益、股东利益、企业利益、员工利益的高度协调统一，形成利益统一的互动格局。

公平原则：改制、重组必须遵循公平、公正、公开的原则，做到利益公平、交易公正、过程公开。

四、改制的基本模式

（一） 建立统一领导、整体布局的工作措施

鉴于本次改革力度大、涉及面广、工作复杂，为确保改革能顺利实施并成功，公司提出建立统一领导、整体布局的工作措施。即在改制工作小组及相关职能部门的直接领导和指导下，统一领导、统一负责、统一布局、统一实施全公司的改革。

（二） 降低国有股持股比例，但不削弱其影响力

不改变国有资产现有状态，降低国有股总体持股比例，但前提是继续保持国有股控制力。C集团所持有的国有股从比例上来说可以考虑减

持到40%，通过向管理层转让股份及战略投资者的增资扩股，实现国有股权的稀释及股权结构的多元化。

（三）引入经营管理层参股

我们认为，本方案是站在发展的角度、改革的要求和稳定这个大局来制定的。我们提出保持国有股控制力、引入经营管理者持股的改革方案，其目的就是把产权归属既明晰又控制起来，这样才能落实权属和责任，这是十分公平的。同时，也才能实现产权的保护和真正意义上股份制操作的规范性。不言而喻，只有这样企业的发展、企业的经营才有可能顺畅，企业资产的民主化管理才能实现。目前 B 药业的资产经营效率不高，下属企业经营状况差异较大，对外来投资者吸引力不强。同时如果外来投资者以控股方式进入则必然会进行大规模人员重组，将对公司现有职工的生存和利益带来不利影响，甚至还会影响到 C 集团的控股地位。通过管理层持股，不仅仅能形成合理的股权制衡结构，同时又能最大限度的体现人力资本价值，最大限度的稳定目前的优秀管理团队和优秀职工，又有利于吸引外来优秀人才。

（四）引入战略投资者，构筑广泛的合作平台

我们重点引入医药行业或具有资本运作经验的投资公司作为战略投资者。同行业的优势投资者，可以提供独特产品、先进技术或者先进管理模式；财务投资公司，可以提供资金、熟练的资本运作程式，为将来进一步的资本运作（包括上市发行）打下坚实基础。通过引进这些战略投资者，构筑更加广泛的合作平台和更加雄厚的资金平台，提高 B 药业在同行业中的竞争力。

我们要求合理控制单个战略投资者持股比例，以便突出 C 集团实际

控股地位，同时利用战略投资者持股与国有股、职工股形成较好的股权制衡结构，以便保证 C 的相对控股地位。

五、引进投资者的原则及模式

（一）引入经营者间接持股

1. 基本原则

● 经营者通过新设有限责任公司，再以增资扩股形式参股改制后成立的股份公司。

● 形成健全的约束机制，经营者通过新设有限责任公司出资达到间接持股，感受到风险和压力。

● 形成健全的激励机制，使经营者通过出资设立有限责任公司，然后以所设公司持股享受通过自身智力资本所创造财富的相应增值部分。

2. 职工持股可行性及方式分析

员工持股有两种方式：

其一，由全体职工参与的持股方式，根据岗位权责评定持股份额、出资额；

其二，由公司管理层参与持股，普通员工不参与。管理层持股一般主要有以自然人身份直接持股，或者通过设立公司以法人身份持股两种方式。

（1）全体员工参与持股的问题与分析。

①全员参股存在的问题。

由于企业改制，法人持股大多变更为个人持股，往往造成股东人数变成超过 200 人，而只要超过 200 人，则属于公开发行股票范畴，必须报经中国证监会核准后工商局才能登记注册。

B 药业公司现有员工 520 名，公司改制后如果全员或者大部分员工愿意参与持股，则自然人股东将超过 200 人，这在工商登记注册及行政审批上存在着操作障碍。

②解决办法。

信托管理。

遇到持股员工超过 200 人的情况，改制企业可通过信托管理方式，即通过持股职工委托信托投资公司，由信托公司代表持股股东参与企业董事会，并委托信托公司在授权范围内代表和行使股东权利。

职工持股会（工会持股）

自从政策禁止发行内部职工股和公司职工股后，很多企业职工采取持股会或工会持股，实际是以一种类社会团体组织代为持股。

新设公司持股

改制企业也可通过事先成立一个公司，由该公司代持改制后的管理层和职工持股，而这个公司的股东可以由原有股东构成，或者是股东代表构成。

以上办法的不足之处

信托管理方式存在的主要弊端：

在现行情况下，我们国家的信托公司运作体系不够成熟，难以真正实现股东权益代表的职责。再加上信托公司的信托成本和因此产生的税收关系没有理顺，使通过信托公司委托持股方式成本加大。同时，现行的信托法律规定，信托公司一次最多可以接受 200 份授权委托。

因此，通过信托方式代为持有只能解决部分职工持股。

职工持股会（工会持股）的主要弊端：

工会代表职工持股没有任何法律依据，在民政部通知不再批准职工持股会后，用未依法登记的持股会持股也没有法律基础。

全员参与新设公司方式存在的主要弊端：

一是新设公司的原股东人数也会超出 50 人，在注册有限责任公司上存在障碍。

二是在出现全员或者大部分员工持股壳公司时，势必造成壳公司股权过于分散，对该公司的股权管理往往难以形成一致意见。

（2）管理层参与持股的方案选择。

通过管理层持股，不仅仅能形成合理的股权制衡结构，同时又能最大限度的体现人力资本价值，最大程度地稳定目前优秀的管理团队和优秀职工，并有利于吸引外来优秀人才。管理层持股的做法通常有以下几种。

①管理层以自然人直接持股。

管理层采取自然人直接持股方式往往导致人数众多，利益不易协调。自然人作股东在收购中往往动用巨额现金，而这仅靠管理层个人积蓄完成收购难度比较大。同时，以自然人身份进行融资会平添诸多的局限性。

②管理层通过新设公司持股。

相比自然人直接持股，通过管理层设立的有限责任公司持股有利于税收策划。此前，由于《公司法》规定的"累计投资额不得超过本公司净资产50%"的规定，管理层通过设立公司来受让改制企业的股权

165

必然加大其资金成本。《公司法》修订后删除了该等条款，这是对公司投资权利能力的一种彻底放开，体现了鼓励投资的理念，相信管理层通过设立公司来持有改制企业股权将会更多。

从融资的角度，通过设立的公司作为对外融资的载体，相比较自然人直接融资，已经树立起一道风险屏障，对于管理层本人更为安全，而且实践中，公司对外融资也比自然人融资更易操作，比如可以设立公司股权作担保。

根据修订后的《公司法》，股东人数不能突破 50 人，如果管理层人数众多，则可能受到公司法中股东人数的限制。B 药业的中高层管理者共有 34 人，没有突破 50 人的上限，在新设有限责任公司的资格上不存在法律障碍。

综上所述，管理层通过代理人新设有限责任公司增资 B 股份公司是可行与合适的选择。在改制之际由代理人新设一个有限责任公司 – B 投资有限责任公司，然后 B 投资以增资扩股方式出资 900 万元注入 B 股份，占改制后的 B 股份公司总股本 15% 股权。

3. 投入支付形式

（1）经营者通过新设有限责任公司持股，不出资不行；经营者全出资也不行，风险太大；货币出资、实物出资、无形资产出资等多种方式组合投资，成立有限责任公司后还可通过银行进一步融资。

（2）经营者通过代理人设立 B 投资有限责任公司后，B 投资有限责任公司再向 B 股份投入 900 万元，占总股本 15%，其投入 B 股份的资产可以现金、实物、无形资产等多种形式注入。

（二）引进战略投资者

1. 引进原则

（1）为实现股份制改造，发展混合所有制经济，本次引进战略投资者不限制所有制形式，民营、私营、外资企业、国有，以及国内外风险投资基金等，符合条件的都可以考虑引进，最终使多个战略投资者合计占总股本40%。

但是，在考虑引进次序上，应优先考虑其他所有制形式，国有形式放在最后，以真正达到产权主体多元化的目的。如果引进其他所有制成分确有困难，再考虑引进国有企业。

（2）战略投资者的选择优先集中在以下两个领域：

其一是首选在医药生产或者医药流通领域具有多年丰富的运营经验的国内外大中型企业，以有助于B药业进入相关目标业务领域的企业；

其二是有强大的资金实力，并且擅长资本运作的投资公司、私募投资基金。

在上述目标范围内的投资者引进确有困难的前提下，考虑引进其他领域投资者。

（3）从区域上来说，战略投资者的选择应优先考虑华东五省一市，其次再考虑中西部地区；

（4）以医药制造和医药商业业务为核心充实公司；

（5）以B药业为平台，引进多种成分的战略投资者；

（6）为顺利实现改制而预留国有净资产作为改制成本；

（7）策略性私募既避免政府拉郎配又可以按需要引资；

（8）与现有管理层及C集团能够良好地沟通；

（9）公司层面既实现股份化又成为真正的产业化运营主体。

2. 引进目标

（1）最优目标：

①国内大中型制药集团公司；

②国内外大中型医药商业企业；

③国内外有实力的，与 B 药业有直接或者间接供货关系的上游原料供应商；

④国内外有实力的从事新药研发研制的企业或者科研机构；

⑤国内外资本市场上有雄厚实力的投资公司。

（2）次优目标：

①国内外有强烈扩张愿望并希望实现其特定目标的上市公司；

②国内有一定资金实力的中小型企业；

③国内有一定资金实力的自然人投资者。

3. 引进模式

（1）对战略投资者以增资扩股为引资形式，既能稀释一定的国有股持股比例，又能扩大公司资本金与资产规模；

（2）不考虑产权整体转让或者部分股权转让方式；

（3）要求单个战略投资者持股不超过 30%，所有其他外来投资者合计不超过 40%。

4. 引进战略投资者的步骤

（1）按操作的现实可行性及操作程序作如下安排：

①根据设计的股权比例，测算引资额以及权益比例，广泛寻找战略投资者，洽谈并签订意向协议书；

②向集团上报改制方案；

③重点接触并落实有投资意向的目标；

④待改制方案得到批准后与投资者签订合作协议书；

⑤在股份公司成立时合作方资金或技术或资产转移到位。

六、改制资产处置

（一） 资产核实及处置原则

改制分流过程中涉及资产定价、损失核销、产权变更等有关国有资本管理与财务处理的事项，按照财政部《企业公司制改建有关国有资本管理与财务处理的暂行规定》（财企［2002］313 号）办理。其主要规定是：

改制企业可用国有净资产支付解除职工劳动关系的经济补偿金等，由此造成的账面国有资产减少，按规定程序报批后冲减国有资本。改制企业的国有净资产按规定进行各项支付的不足部分，应由原主体企业予以补足；剩余部分可向改制企业的员工或外部投资者出售，也可采取租赁、入股或转为债权等方式留在改制企业。

（1） 国有股权出让包括本次的增资扩股，以核实、评估后的国有净资产为定价依据。

（2） 本次调减净资产主要有五个方面：

①清产核资后，经批准核销的资产损失；

②国有职工身份转换的经济补偿；

③解决退休人员补贴问题，需扣除部分净资产；

④内退人员的预留费用，需要扣除净资产；

⑤工伤病休人员费用，需从净资产中扣除。

（3）审计、评估调增部分以及暂时无法剥离、处置的资产，应计入净资产，由战略投资者按比例承担。

（4）净资产的最终数额要根据财务顾问的建议和集团的确认予以确定。

（5）国有股权出让及增资入股，均以调整后的净资产计算每股价格。

（二）资产调整及处置内容

B药业截至2006年12月31日经评估的净资产为4612万元，但还需要以下调整：

无形资产土地使用权的账面价值与市场价值有较大出入，需经评估后得以确认，同时需要计提土地增值税，暂可不作考虑；

存货由于国家产品包装规定调整使公司损失约为48万元；

根据应收账款情况，需要再计提减值准备27万元；

因此，经初步资产调整后的国有净资产为4637万元；

具体数据以资产评估机构确定的数据为准。

表1   公司各项资产扣除汇总表

项目内容	总额（万元）	备注
企业资产账面值（列示净资产）	4612	
资产调整增部分（＋）		
其中：	—	
相关资产剥离（－）	—	
其中：	—	

项目内容	总额（万元）	备注
企业拟评估资产账面值（列示净资产）	4712	
资产核销项（-）	75	
其中：报废资产	48	
经核查有账无物或没有使用价值的原材料、在产品、产成品	—	
债务人破产、死亡以及三年（含三年）以上确实无法收回的收款	27	
财政（资产管理）部门认定的其他需要核销的资产	—	
企业拟评估资产最终评估值（列示净资产）	4637	
抵扣国有净资产项（-）	1469.99	见公司员工安置补偿费用明细表
企业国有净资产净额	3067.01	

七、改制重组中职工身份转换及职工安置计划

总公司现有在职职工 520 人，内退 1 人，病休 3 人，已退休人员 31 人，伤残 7 人。其中有国有身份的职工人数 242 人，社会招聘 278 人。另有 3 人为 C 集团派驻人员，9 人与其他单位签订了劳动关系，这 12 人不参与 B 改制人员身份置换范围。

切实处理好改革过程中劳动和社会保障问题，做好国有职工身份的转换和保证职工稳定并得到妥善安置是公司改制顺利成功并快速发展的关键一环。

（一）公司对国有职工身份转换和职工安置的总方针

（1）依据政策，公开、公平、公正地妥善做好国有职工身份转换

某药业有限公司整体改制方案（摘要版）

工作；

（2）保证职工队伍的稳定和保障职工的切身利益；

（3）根据未来公司的发展需求最大程度地安置在职职工。

（二）关于国有职工身份转换及职工安置工作的具体思路

对具备国有身份的职工严格依据政策进行完全的身份转换，充分计提各项预留费用，列入改革成本，并从国有净资产中扣除。经计算，共需要支付职工经济补偿费 1469.99 万元，具体计算项目如下：

1. 经济补偿金（或生活补助费）

在职的 520 人中，分固定工与合同工分别给予经济补偿金，按照劳部发［1994］481 号和劳社部发［2003］21 号文共需支付 543.51 万元经济补偿金。

本次经济补偿金标准按劳社部发［2003］21 号文和劳部发［1994］481 号文执行，即按本人改制前十二个月平均工资的标准；每满一年工龄支付一个月工资，低于企业平均工资的，按企业平均工资标准计算。职工月平均工资高于企业月平均工资 3 倍或 3 倍以上的，可按不高于企业月平均工资 3 倍的标准计发。

职工在改制后企业重新就业的，应重新签订劳动合同，建立新的劳动关系，应得的经济补偿金经本人同意可转为职工在改制后企业的股份。

2. 退休人员费用

退休人员医疗费用：B 药业目前有退休人员 31 名，退休人员预留费用根据各地政策不同有所区别，但移交时所涉及的费用主要是医疗保险费用，按照巢政办［2002］67 号文的精神，共需支付退休人员医疗补偿费 21.72 万元。

退休人员独生子女补贴：按省劳社秘〔2001〕205 号文，有 5 名退休人员可执行此政策，共需要支付 0.75 万元。

3. 内退人员费用

B 药业目前有 1 名内退人员，内退人员费用包括基本生活费用和各类社保费，按照内退协议，需要支付 8.05 万元。

（1）内退生活费。按照员工与企业签订的内退协议执行。B 药业目前有一名内退人员，于 2004 年办理了内退手续，目前距法定退休还有 8 年时间，按照内退协议标准共需要预留生活费用 5.35 万元。

（2）社会保险费预留。按内退前的基数一次核定，共需支付 2.7 万元。

4. 工伤、病休等特殊人员相关费用

目前 B 药业有 3 人病休，7 人伤残。

按照目前国内的标准，工伤共分十个等级，一至四级由工伤保险基金支付相关费用，七至十级的人员基本可以在新公司安排工作，只有五、六两级工伤人员需要预留相关费用，并对其进行妥善安置。

B 药业工伤人员中 1 人为伤残八级，6 人为伤残十级，其中 1 人伤残补助金已支付。对于工伤人员分别给予一次性工伤医疗补助金和一次性伤残就业补助金，工伤医疗补助金和伤残补助金分别按《工伤保险条例》、《安徽省实施〈工伤保险条例〉办法》等有关政策执行。

一次性伤残补助金标准按 800 元/月计，2006 年度统筹地区职工平均工资标准按 1230 元/月计。经测算，一次性伤残补助金为 32000 元，一次性工伤医疗补助金为 39360 元，一次性伤残就业补助金为 55350

元，共需支付 12.67 万元。

4 名病休人员按劳部发〔1994〕481 号文有关规定计提或预留相关费用，其中 1 人按 6 个月计发医疗补助金，3 人按 12 个月计发医疗补助金，共需要支付 2.55 万元。

5. 欠缴及其他费用

支付欠缴的各类费用：欠缴养老保险金 196.03 万元、固定工医疗补贴 45.66 万元、加班工资 397 万元。

其他不可预测支出：50 万元。

6. 支付时间、方式问题

剥离职工安置费用后，按以下三种方式处理：

（1）愿进入改制后企业的普通职工，其安置费原则上现金一次性支付，如一次性支付确有困难，可与职工本人签订剩余安置费的分期支付协议，支付期限最长为 3 年。

（2）不愿进入改制后企业的职工，其安置费以现金形式一次性支付，并自动解除与原企业的劳动关系，享受失业保险待遇，同时移交社会保障机构。

（3）已与企业签订内退协议的职工，可不进行身份置换，其达到法定退休年龄前的生活费用和需缴纳的各项社会保险金，从净资产中一次性剥离，实行转项管理。

7. 实施对国有身份职工先转换身份后统一安置的工作步骤

国有职工在其身份转换后，根据未来公司的发展规划和对人力资源的需求及劳动、分配制度，实行公平竞争、双向选择，优先内部职工择业上岗等方式做好职工安置工作。改制后的公司需要依法建立规范的劳动用工制度，依法建立职工社会保障体系。

表2 职工身份转换补偿费用表

项目内容	依据	标准	人数	金额（万元）	附注
员工补偿费	劳部发〔1994〕481号劳社部发〔2003〕21号	上年工资	正式工242人	543.51	国有身份职工，按实际工作年限；合同制工人，按其在企业服务年限，每满1年，按上年本人平均标准补偿1个月工资。2006年职工平均工资为1110元/月，低于平均工资的，按平均工资补偿；高于平均工资3倍的，按平均工资3倍标准补偿
			合同工278	192.05	
退休人员医疗补偿费	巢政办〔2002〕67号	767	33	21.72	2006年医保最低缴费标准为767元，退休工人按一次性缴纳10年医疗保险办理
退休人员独生子女补贴	省劳社秘〔2001〕205号	1500	5	0.75	按退休职工中有5人生育独生子女计算
工伤人员补助费	《工伤保险条例》《安徽省实施〈工伤保险条例〉办法》	800/1200	7	12.67	1人为伤残八级；6人为伤残十级，其中1人伤残补助金已支付；一次性伤残补助金标准按800元/月计，2006年度统筹地区职工平均工资标准按1230元/月计。经测算，一次性伤残补助金为32000元，一次性工伤医疗补助金为39360元，一次性伤残就业补助金为55350元

项目内容	依据	标准	人数	金额（万元）	附注
病休人员费用	劳部发〔1994〕481 号	700	4	2.55	其中 1 人按 6 个月计发医疗补助金，3 人按 12 个月计发医疗补助金
内退人员预留费用	内退协议			8.05	8 年后退休，退养期间工资共 5.35 万元，社会保险费 2.7 万元
补缴养老保险		767	195	196.03	此项为不确定项目，计算口径为临时工进厂至办理社会保险期间养老保险费
补发加班工资		1000	524	397	加班工资计算基数按平均 1000 元计，每年按周六上班，加班 52 天计算
正式工医疗补贴		200	267	45.66	此项为不确定项目，2005 年前进厂正式工，每年发给医疗补贴 200 元，即相当于医疗保险个人账户部分
不可预测支出				50	
合计				1469.99	

八、改制内容

（一）改制范围

本次改制包括本公司及在参股公司大药房的权益。

参股子公司生物科技有限公司因未正常经营，因此 B 药业所持股权退出。

同时，B 药业之前身制药厂因未正常经营，也不纳入改制范围。

（二）审计和资产评估

根据《企业公司制改建有关国有资本管理与财务处理的暂行规定》（财企〔2002〕313号）及公司的要求，公司聘请会计师事务所对B药业2006年12月31日资产、负债、权益及损益进行了财产清查审计，公允地界定了评估基准日企业的实有净资产数额，截止到2006年12月31日，B药业有限责任公司实有净资产为4612万元。

（三）国有净资产调整及处置

聘请经集团批准的审计和评估机构进行审计、资产评估后，认证本公司2006年12月31日可供改制的国有净资产为4612万元，按以下方式进行处置：

（1）扣除待核销三年以上的应收账款27万元，资产损失48万元；

（2）扣除国有人员身份置换及安置费用1469.99万元。

总计：剩余国有净资产3067.01万元。

（四）资产重组步骤

在扣除资产坏账损失及人员安置补偿费用后，以B药业剩余的净资产作价折股进行股权重组。

改制后公司名称为B药业股份有限公司，参与重组方分别为C集团、B投资公司、战略投资者1（产业投资者）、战略投资者2（财务投资者），增资扩股后将注册资本增加为6000万元，总股本6000万股。主要步骤是：

（1）将B药业对B大药房的200万债权转为股权，增加对B大药房的股份。

（2）设立B投资有限责任公司。

（3）C集团将其拥有的B药业净资产权益3067.01万元中的2700万元资产折股2700万股注入新的股份公司，占增资扩股后新公司总股本的45%。

（4）B投资公司以货币、实物资产等方式共出资900万元，占新公司总股本15%。

（5）引入两个以上战略投资者，投资者合计出资2400万元，占总股本合计占总股本40%。单个战略投资者出资不超过1800万元，所占股份不超过30%，具体投资比例需协商后再行确定。

（6）新设股份公司成立后，C集团可将所持B药业中剩余的367万元资产租赁给新公司–B股份有限公司。

（7）新设股份公司股权结构见下图。

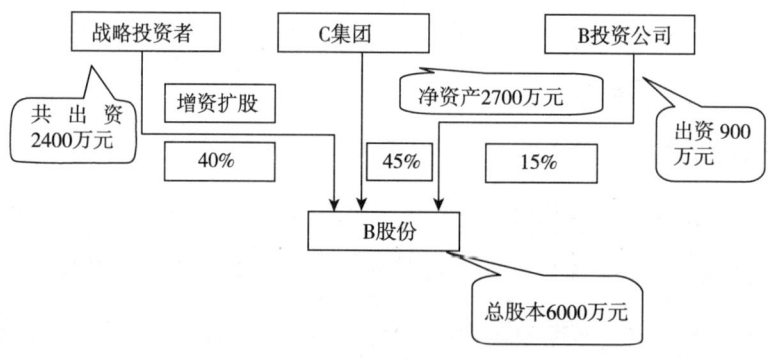

公司股权结构

九、股权结构与设置方案

改制后新设B股份有限公司，总股本为6000万元。考虑到国有资本还需要保持相当的控制力，在未来上市后股权还会进一步稀释，C集团可在新设股份公司中占45%，B投资公司占15%，战略投资者合计占40%。

（一）C实业集团股权投入设置

C实业集团部分性退出B药业中的股份，同时还要保持相当的控制力与影响力。如果持股超过50%，则为国有绝对控股，改制不够彻底，也不符合B药业未来战略发展的要求；如果持股低于40%则C的相对控制力会受到影响，未来如果上市还会进一步稀释C股权，出于稳定大局和未来发展需要的考虑，C集团将B药业中的2700万元资产折股2700万股投入新设立的B股份公司，占总股本45%。

（二）B投资有限责任公司股权设置

B投资有限责任公司由原B药业管理层的代表人出资设立，可以现金、实物及无形资产作价，注册资本800万元，其中货币出资不得小于240万元。B投资有限责任公司再向B股份投入900万元，占B股份总股本的15%。

（三）战略投资者股权设置

（1）战略投资者1为产业投资者，可以实物资产或技术或产品或现金入股。所占总股本比例合计不超过30%。可分别考虑几个投资者。

（2）战略投资者2为财务投资者，可根据实际情况引入几个投资者，主要以现金投资入股，但所占总股本比例合计不超过30%。

（3）战略投资者1及战略投资者2合计增资2400万元，合计持有股份比例占总股本40%。

十、改制步骤

改制的具体工作步骤分为以下几个阶段：

（一）组织领导阶段（4 月 20 日前）

（1）4 月中旬召开公司改制工作动员会议，部署改制工作计划。

（2）成立改制工作领导小组和改制工作办公室，工作人员从相关部门和下属单位抽调人员，集中办公。

（3）编印改革宣传材料，制定出台改制政策意见。

改制领导小组及办公室要积极工作，召开改制动员会议，组织干部职工学习相关文件，统一思想，提高认识，制定并报送企业改制工作计划，保证改制宣传材料发放到位。

（二）深入宣传发动，广泛统一思想（4 月 30 日前）

B 药业本次改制涉及面广、政策性强，涉及到传统观念的更新和公司体制、机制的重大变革，关系到所有干部职工的切身利益，关系到改革、发展和稳定的大局。

因此，公司各部门要充分认识到改革的重要性、必要性、紧迫性和复杂性；要运用多种行之有效的形式，加大宣传教育的力度，通过层层发动，把改革的政策传达到位，增强广大干部职工的改革意识，统一思想，集中精力，努力营造浓烈的改革氛围，全力推进和确保改制工作顺利进行。

（三）接洽战略投资者，达成初步意向（4 月份开始）

在改制工作的前期就应当广泛接触战略投资者，主要从总体股本、股权结构与比例问题上进行初步协商沟通。引入战略投资者是一项重点工作，可能贯穿改制的整过程。

（四）清产核资、产权界定阶段（4 月 20 日至 5 月 20 日）

（1）查明并确认企业实有资产，主要内容是：

流动资产：货币资金、各项应收款、存货、短期投资、待处理流动资产以及一年内到期的长期债券等。

固定资产：原值、净值折旧额等以及在用、出租、未使用、不需用、封存和其他固定资产。

长期投资：股票投资、债券投资以及其他长期投资。

无形资产：土地使用权、专利权、商标权、非专利技术以及特许经营权等。

其他：递延资产、在建工程等。

（2）对 B 药业的财产进行彻底清查。

清产核资是为资产评估作准备，同时清产核资也是设计、确定改制后的股份制企业的股权结构的依据和基础。

在企业财产清查中发现凡是权属不明晰的，必须按规定进行产权界定。

（五）资产评估（4 月 20 日至 5 月 20 日）

由集团委托的中介机构对 B 药业的资产及财务状况进行全面审计和评估。资产评估机构经过科学、客观的资产评估，应当提交资产评估报告，经该评估机构的两名以上工作人员签名盖章，并送 B 药业和主管部门认可盖章。

（六）改制方案修订阶段（5 月 20 日至 5 月 30 日）

根据资产评估机构的评估结果，调整并修正改制方案，包括符合本单位实际的人员分流安置和资产处置及股权重组方案。

（七）职代会审批阶段（6月1日至6月25日）

B药业在广泛征求干部职工意见的基础上，将改制方案提交职工代表大会或全体职工大会审议。

（八）上报改制方案（6月26日至9月30日）

将改制方案上报集团进行审核批准。随后，由集团报国家国资委进行备案。期间，根据上级部门要求随时对方案进行修改。

（九）设立B投资有限责任公司（10月8日至11月8日）

设立B投资有限责任公司，注册资本800万元，并开始银行融资。

（十）资产处置（10月8日至10月20日）

调整国有净资产项目，拨付改制人员安置费用，确定剩余国有净资产数额，确定国有资产折股投入比例。

（十一）人员安置（10月8日至10月20日）

按照批准的改制方案，C集团及B药业与原有职工全部解除劳动合同，办理需要安置人员的相关手续，调整其相应岗位；然后与有关人员重新签订相关劳动合同，重新签订劳动合同的期限应不短于3年。

（十二）办理社保、国土部门手续（10月8日至10月20日）

到社保局办理分流退休人员社保费用的移交工作，到国土局办理国有土地使用权属登记、评估等相关手续，到产权交易中心发出信息，挂牌交易。

（十三）制订改制文件（10月21日至11月5日）

改制工作小组应当根据相关法律、行政法规、地方性法规、部门规章、地方性规章的要求制定相应的改制文件，主要有：（1）内部股权证管理规定；（2）公司章程；（3）股东大会议事规则；（4）董事会议事规则；（5）总经理工作规则；（6）公司基本管理制度；（7）内部风险控制制度；（8）财务管理制度。

（十四）新股东投资者签订协议（11 月 8 日至 11 月 18 日）

C 集团、新股东 B 投资公司以及战略投资者开始签订合作协议，按照协议原则签订有关合同，明确增资扩股、出资额及出资比例问题。

（十五）股东认缴股款，企业发放股权证明书（11 月 20 日至 12 月 5 日）

在改制申请获得集团批准后，企业即应开始发布认缴通知、收缴入股资金。C 集团、战略投资者及企业职工填写股份认缴申请书，并在规定期限内认缴股金。

（十六）召开股份公司创立大会（12 月 6 日至 12 月 10 日）

职工和其他股东可以通过民主选举选举出股东代表，也可以以认购股份直接参加股东大会。

第一次股东大会的主要任务是审议、修改、通过企业章程以及《股权证管理办法》等重要文件，并选举企业法定代表人、董事、监事，组建企业的内部运行组织结构，如董事会、监事会、高级管理人员等，以开始企业的正式运营。

上述股东大会通过的文件、选举等，最后都需要形成书面的决议。其中企业的章程应当载明以下内容：

（1）股份制企业的名称和住所；

（2）企业的类型；

（3）经营范围；

（4）注册资本；

（5）股东出资方式和出资数额；

（6）股东的姓名或名称；

（7）股东和非股东在职职工的权利与义务；

（8）股份取得的条件和程序；

（9）企业的组织机构及其产生的办法、职权、议事规则；

（10）企业法定代表人的产生办法、任职期限以及职权；

（11）财务管理制度和利润分配方法；

（12）企业的解散事由和清算办法；

（13）企业章程修订程序；

（14）股东认为需要规定的其他事项。

（十七）工商、税务登记（12月10日至12月31日）

企业根据有关企业登记法律、行政法规的要求，向工商管理机关递交所需文件和材料，申请股份公司企业登记。

注册登记主要需要以下材料：

（1）主管部门同意企业改制的批文；

（2）企业章程、企业股权证明管理办法；

（3）选举产生第一届董事会、第一届监事会的股东大会决议；

（4）验资报告；

（5）股东名册；

（6）法定代表人的任职证明和身份证明；

（7）企业经营场地证明；

（8）工商管理机关需要的其他材料。

（十八）改制需要提交的文件

（1）《公司设立登记》（领取）；

（2）企业（公司）申请登记委托书；

（3）企业改制为公司的申请报告；

（4）集团出具的同意 B 药业改制的批准文件；

（5）B 药业资产评估报告；

（6）公司股东大会决议；

（7）国有股权转让协议；

（8）如法定代表人变更则提交原任命机构出具的免职文件；

（9）公司章程；

（10）公司验资报告；

（11）股东的法人资格证明或自然人身份证明；

（12）董事会决议；

（13）公司董事会、监事、高管人员身份证复印件；

（14）公司住所使用证明（产权证或房屋出租许可证复印件，租赁的住所同时提交租赁协议）；

（15）公司章程。

（本方案完成于 2007 年）

某公司海外分拆上市初步分析

目前，我国的资本市场还不完善，究其根本是由于上市公司的经营机制落后造成的。而在规范化的资本市场里，上市公司的经营机制也必须规范化。通过分拆子公司到海外资本市场上市，母公司××股份的领导层会从子公司的管理、经营上学习先进的管理方法、经营方法。最终推动××股份公司经营机制的国际化、正规化、规范化。

一、国内企业海外上市主要政策及条件

1. 国内企业海外上市所涉及的国内主要政策

目前国内企业海外上市所涉及的政策主要有：

1.1《关于进一步加强在境外发行股票和上市的通知》

1.2《关于落实国务院〈关于进一步加强在境外发行股票和上市的通知〉》若干问题的通知

1.3 国家经贸委《关于进一步促进境外上市公司规范运作和深化改革的意见》

1.4《关于企业申请境外上市有关问题的通知》

1.5《境内企业申请到香港创业板上市审批与监管指引》

1.6《关于涉及境内权益的境外公司在境外发行股票和上市有关问题的通知》

1.7《关于境外上市公司进一步做好信息披露工作的若干意见》

这些政策法规明确了国有企业、集体企业及其他所有制形式的企业经重组改制为股份有限公司，并符合境外上市条件的，均可自愿向中国证券监督管理委员会提出境外上市申请，证监会依法根据程序审批，成熟一家，批准一家。因此，××拆分上市在主体资格、所有制等基本问题上都没有障碍。

2. 公司海外上市的主要条件

2.1 符合我国有关境外上市的法律、法规和规则。

2.2 筹资用途符合国家产业政策、利用外资政策及国家有关固定资产投资立项的规定。

2.3 净资产不少于4亿元人民币，过去一年税后利润不少于6000万元人民币，并有增长潜力，按合理预期市盈率计算，筹资额不少于5000万美元。

2.4 具有规范的法人治理结构及较完善的内部管理制度，有较稳定的高级管理层及较高的管理水平。

二、上市公司所属企业分拆到境外上市的政策

1. 分拆上市含义——分拆有广义与狭义之分，广义的分拆上市包括已上市公司或者非上市公司将某一业务单位或子公司从母公司独立出来，公开招股上市。中国大陆不少企业集团都是通过分拆，优先将子公司或业务单位实现上市；狭义的分拆上市则仅指已上市公司分拆其部分资产业务另行上市，分拆上市属于资本收缩范畴。上市公司所属企业到境外上市，是指上市公司有控制权的所属企业到境外证券市场公开发行股票并上市的行为。

2. 上市公司所属企业分拆境外上市主要适用法规为——关于规范境内上市公司所属企业到境外上市有关问题的通知（证监发〔2004〕67号）。

3. 上市公司所属企业申请到境外上市的监管审批机构——中国证监会。应当按照中国证监会的要求编制并报送申请文件及相关材料。中国证监会对上市公司所属企业到境外上市申请实施行政许可。

4. 上市公司分拆资产企业海外上市需要符合的条件

4.1 上市公司在最近三年连续盈利。

4.2 上市公司最近三个会计年度内发行股份及募集资金投向的业务和资产不得作为对所属企业的出资申请境外上市。

4.3 上市公司最近一个会计年度合并报表中按权益享有的所属企业的净利润不得超过上市公司合并报表净利润的50%。

4.4 上市公司最近一个会计年度合并报表中按权益享有的所属企业净资产不得超过上市公司合并报表净资产的30%。

4.5 上市公司与所属企业不存在同业竞争，且资产、财务独立，经理人员不存在交叉任职。

4.6 上市公司及所属企业董事、高级管理人员及其关联人员持有所属企业的股份，不得超过所属企业到境外上市前总股本的10%。

4.7 上市公司不存在资金、资产被具有实际控制权的个人、法人或其他组织及其关联人占用的情形，或其他损害公司利益的重大关联交易。

4.8 上市公司最近三年无重大违法违规行为。

三、海外证券市场规则介绍

1. 香港证券市场

1.1 香港主板介绍

香港金融交易品种繁多，其中，最为成熟和备受投资者关注的是香港证券市场。这其中，主板和创业板为香港交易所现货市场的两个交易平台。主板为一般规模较大，成立时间较长，也具备一定盈利记录的公司提供集资市场。

1.2 香港创业板介绍

一般来说，一些具有增长潜力的公司，尤其那些新兴企业（指那些具有良好的商业概念及增长潜力的公司），在盈利/公司业绩方面，未能符合香港联合交易所主板市场的规定而不能获得上市地位，而创业板市场就是特为填补这缝缺而设。

1.3 创业板（GEM）和主板（SEHK）上市规则比较

表1

	创业板	主板
总　　则		
市场目的	为有主线业务的增长公司筹集资金，行业类别及公司规模不限	目的众多，包括为较大型、基础较佳以及具有盈利记录的公司筹集资金
可接受的司法地区	香港、百慕大、开曼群岛及中华人民共和国	香港、百慕大、开曼群岛及中华人民共和国的公司可作第一或第二上市如属第二上市，按个别情况决定是否接受其他司法地区
上市规定		
盈利要求	不设盈利要求	过往三年合计5000万港元盈利（最近一年须达2000万港元，再之前两年合计须达3000万港元）
营业记录	须显示公司有两年的"活跃业务记录"	须具备三年业务记录
主线业务	须主力经营一项业务而非两项或多项不相干的业务。不过，涉及主线业务的周边业务是容许的	并无有关具体规定，但实际上，主线业务的盈利必须符合最低盈利的要求

	创业板	主 板
业务目标声明	须载列申请人的整体业务目标，并解释公司如何计划于上市那一个财政年度的余下时间及其后两个财政年度内达致该等目标	并无有关具体规定，但申请人须列出一项有关未来计划及展望的概括说明
	只要于上市时并持续地做出全面披露，竞争业务	控股股东如进行任何与申请人有竞争
	董事、控股股东、主要股东及管理层股东均可进行与申请人有竞争的业务（主要股东则不需要作持续全面披露）	的业务，或会导致申请人不适合上市（须视乎个别情况而定）
最低市值	股票无具体规定，但实际上在上市时不能少于 46，000，000 港元期权、权证或类似权利上市时市值须达 6，000，000 港元	股票上市时市值须达一亿港元期权、权证或类似权利上市时市值须达一千万港元
最低公众持股量	股票市值 3000 万港元以上或占已发行股本的 25%，总市值 40 亿港元以上公司，市值 10 亿港元以上或发行股本的 20% 期权、权证或类似权利（"权证"）须占发行的权证数量的 20% ~ 25%（视上市时的市场需求而定）	股票五千万港元或已发行股本的 25%（比较高者为准）；如发行人的市值超过 40 亿港元，则占已发行股本的百分比可降至 10%。上述的最低公众持股量规定在任何时候均须符合期权、权证或类似权利（"权证"）须占已发行权证数的 25%
管理层股东及高持股量股东的最低持股量	在上市时管理层股东及高持股量股东必须合共持有不少于公司已发行股本的 35%	并无有关规定
股东人数	上市时公众股东至少有 300 名	上市时至少须有 100 名股东

2. 美国证券市场

2.1 美国纽约证券交易所（NYSE）介绍

纽约证券交易所（NYSE）是目前世界上规模最大的有价证券交易市场，作为世界性的证券交易场所，纽约证交所也接受外国公司挂牌上市，上市条件较美国国内公司更为严格，主要包括：

2.1.（1）社会公众持有的股票数目不少于250万股；

2.1.（2）有100股以上的股东人数不少于5000名；

2.1.（3）公司的股票市值不少于1亿美元；

2.1.（4）公司必须在最近3个财政年度里连续盈利，且在最后一年不少于250万美元、前两年每年不少于200万美元或在最后一年不少于450万美元，3年累计不少于650万美元；

2.1.（5）公司的有形资产净值不少于1亿美元；

2.1.（6）对公司的管理和操作方面的多项要求；

2.1.（7）其他有关因素，如公司所属行业的相对稳定性，公司在该行业中的地位，公司产品的市场情况，公司的前景，公众对公司股票的兴趣等。

2.2 美交所（AMEX）介绍

2.2.（1）基本情况

除了纽约证券交易所之外，美国证券交易所（American Stock Exchange）现为美国第三大股票交易所。美国证券交易所大致上的营业模式和纽约证券交易所一样。但是不同的是，在那里上市的公司偏重在中、小企业。因此，一般在美国交易所上市的股票价格较为偏低，而且交易量也较小。1998年3月，美国证券交易所与NASDAQ交易所合并成为 NADSAQ——AMEX 集团公司。

2.2.（2）美交所上市标准

公司要到美国证券交易所挂牌上市，需具备以下几项条件：

①最少要有 500000 股的股数在市面上为大众所拥有；

②市值最少要在美金 3000000 元以上；

③最少要有 800 名的股东（每名股东需拥有 100 股以上）；

④上个会计年度需有最低 750000 美元的税前所得。

2.3 那斯达克市场（NASDAQ）介绍

2.3.（1）基本情况

那斯达克证券市场（NASDAQ）由全美证券交易商协会（NASD）创立并负责管理。它是 1971 年在华盛顿建立的全球第一个电子交易市场，那斯达克共有两个板块：全国市场（National Market）和 1992 年建立的小型资本市场（Small Cap Mrket）。那斯达克在成立之初的目标定位在中小企业，但只是因为企业的规模随着时代的变化而越来越大，所以到了今天，那斯达克反而将自己分成了一块"主板市场"和一块"中小企业市场"。

2.3.（2）NASDAQ 对非美国公司提供可选择的上市标准

选择权一：财务状况方面要求有形净资产不少于 400 万美元；最近一年（或最近三年中的两年）税前盈利不少于 70 万美元，税后利润不少于 40 万美元，流通股市值不少于 300 万美元，公众股东持股量在 100 万股以上，或者在 50 万股以上且平均日交易量在 2000 股以上，但美国股东不少于 400 人，股价不低于 5 美元。

选择权二：有形净资产不少于 1200 万美元，公众股东持股价值不少于 1500 万美元，持股量不少于 100 万股，美国股东不少于 400 人；

税前利润方面则无统一要求；此外公司须有不少于三年的营业记录，且

股价不低于 3 美元。

四、××集团海外分拆上市的可行性分析

1. 某集团分拆上市的现实背景

××股份分拆上市是基于公司目前发展的战略考虑。

1.1 集团发展呈多元化，核心业务潜伏不明朗的趋势

1.1.（1）××股份整车经营收入变化如图 1 所示。

时间：2001~2006年
单位：万元

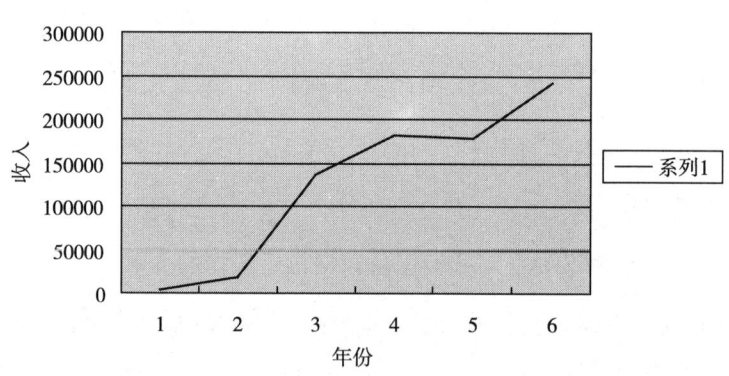

图 1　公司经营收入变化

1.1.（2）××股份车桥及零部件经营收入变化图：

时间：2001～2006 年，　　　　　　　　　　　　　　　　　　单位：万元

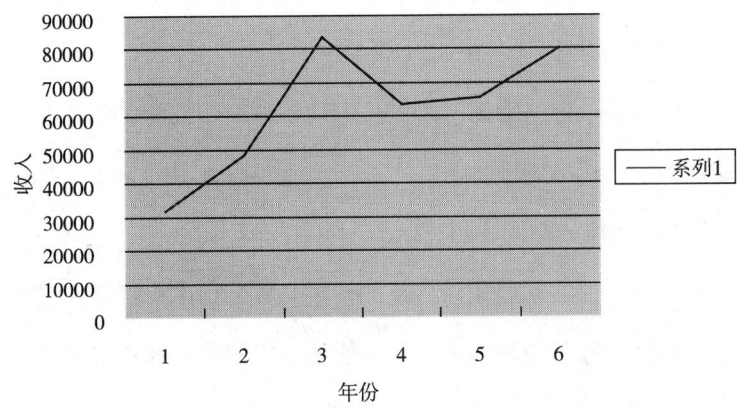

图2　2001～2006营业收入变化

1.1.（3）整车与车桥零部件业务比重走势

表2　　　　　　　　　　　　　　　　　　　　　　收入单位：万元

年份	整车收入	部件收入	整车比重	部件比重（%）
2001	3190	31690	9.14%	90.86
2002	18906	48350	28.10%	71.90
2003	137139	83655	62.10%	37.90
2004	182692	63516	74.20%	25.80
2005	178481	65429	73.10%	26.90
2006	242039	80370	75%	25

从上面的图示中可以看到：××股份公司经过多年的成长与发展，业务范围扩展到汽车前后桥、汽车底盘、汽车零部件及客车的生产与销

售，形成了一个较为完善的产业链条。在 2002 以前，××的核心业务一直是车桥及零部件的生产经营，2002 年之后，客车、乘用车的整车生产业务比重快速上升，并超过了车桥的比重，双核心的状况开始呈现，潜伏着核心业务不明朗的趋势，因而，资产与业务的重组运作就提上了日程。

1.2 资产运作的空间不再宽阔

某股份在上市之初还是以传统的车桥与零部件生产经营为主，并取得了骄人成绩，随后通过一系列资本运作，兼并收购相关优势资产，使整车生产领域也获得了长足发展。至此，××开始进入了一个新的拐点，原有的资本运作及上市公司融资资源已不能满足××进一步的扩展，此时，迫切需要有新的更大的动作扩展××未来发展的广阔空间。

1.3 海外业务发展虽无近忧，但存远虑

某车桥及零部件产品大部分是出口海外，海外市场是这块业务的主要方向。随着 WTO 保护期的结束，关税的进一步下降，原材料成本的上升，汽车竞争态势更加剧烈，如何不断扩展海外市场，获取更广阔的盈利空间，就成为当前需要认真筹划的重要课题。

2. 某公司分拆海外上市的目标

一个实力雄厚的企业集团，每前进一步就会伴随着新的问题与新的形势，迫切需要以动态与发展的眼光看待问题。××目前分拆上市的主要动机就是迫切需要明确未来战略发展方向，通过拆分车桥及零部件业务，确立整车核心业务，进一步扩展发展空间，走出当前的尴尬"拐点"境地，为××股份的健康、快速、可持续发展提供动力。

2.1 分拆海外上市的主要优点

2.1.（1）××股份的分拆上市具有重要战略发展意义——如前所述，分拆海外上市是确立核心业务，进一步扩展××股份及分拆公司的发展空间，为未来的可持续发展提供动力，具有重要的战略意义。

2.1.（2）分拆上市对融资渠道具有拓宽功能——分拆上市的诱人之处，首先在于其对融资渠道的拓宽功能。由于分拆上市具有"一种资产、两次使用"的效果，因而被许多上市公司用于再融资的工具，这对融资渠道单一的中国大陆上市公司来说尤为吸引。

2.1.（3）分拆上市具有收益提升功能——原母公司××股份虽然在持股比例和绝对持股数量上没有任何变化，但是可以按照持股比例享有被投资企业的净利润分成，而且最为重要的是，子公司分拆上市成功后，母公司将获得超额的投资收益。

2.1.（4）分拆上市对母公司股价具有利好推动——子公司分拆上市后，不仅可以提高公司的资源管理效率，而且由于公司可以获得超额的资本利得，一般会使公司的价值增值，母公司的合理价值应当等于公司在子公司市值中所占权益的市值加上母公司扣除这部分权益后的价值。其股价必然会同步反映；同时，主业的清晰，更加有利于投资者对公司的价值进行正确评估，减少由于信息的不对称或效率低下所带来的误判现象，从而使股份能够真正反映公司的价值。

2.1.（5）分拆海外上市可提升公司海外形象——分拆到海外上市，是国内公司走向全球资本市场的过程，具有公众效应，有利于提升××股份公司及子公司的知名度与国际形象，为公司国际化战略起到宣传与推动作用。

2.1.（6）推动母公司经营机制的国际化、正规化、规范化

目前，我国的资本市场还不完善，究其根本是由于上市公司的经营机制落后造成的。而在规范化的资本市场里，上市公司的经营机制也必须规范化。通过分拆子公司到海外资本市场上市，母公司××股份的领导层会从子公司的管理、经营上学习先进的管理方法、经营方法。最终推动××股份公司经营机制的国际化、正规化、规范化。

2.2　××股份分拆海外上市的合规性分析

2.2.（1）海外上市首先必须满足国内的有关监管法规

● 海外上市主体资格要求——净资产不少于 4 亿元人民币，过去一年税后利润不少于 6000 万元人民币，并有增长潜力，按合理预期市盈率计算，筹资额不少于 5000 万美元。目前××拟分拆上市的车桥及零部件业务的净资产有 2 亿多元，上市前可通过资产重组，引入多个战略投资者以增扩股，达到规定条件。

● 上市公司所属企业资产分拆上市净利润要求——上市公司最近一个会计年度合并报表中按权益享有的所属企业的净利润不得超过上市公司合并报表净利润的 50%。××所分拆的车桥与零部件业务净利润没有超过上市公司合计净利润的 50%。

● 上市公司所属企业资产分拆上市净资产要求——上市公司最近一个会计年度合并报表中按权益享有的所属企业净资产不得超过上市公司合并报表净资产的 30%。××所分拆的车桥与零部件业务净资产只有 2 个亿，没有超过上市公司合计净资产的 30%。

2. 海外证券市场规则要求

进入海外证券市场挂牌，除了满足国内的相关法规外，还需要满足

国外证券市场规则。国外每个证券市场条件各不相同。具体条件见第三章。

2.3 分拆上市对母公司××股份的影响及需要注意的问题

2.3.（1）不可忽视××所持股权被稀释带来的外来威胁

分拆上市几乎不可避免会造成一定程度的股权稀释，这些本来可由××股份完全控制的业务单位在分拆成为公众公司后将导致控制权的分散，从而使其被收购的可能性大为增加。而××股份公司分拆这些车桥及零部件业务单位并不是基于退出投资的考虑，而是视其为公司未来赖以发展的基石，应当为避免收购早作预案。

2.3.（2）不可动摇××股份公司的独立上市地位

对母公司××股份而言，分拆上市在本质上属于资产收缩范畴，势必会影响到××股份公司的业绩，对于原本业绩一般的公司来说，分拆优质资产后对母公司业绩的影响会更大。××股份的营业收入虽然不小，但净利率并不高，分拆的车桥及零部件业务属于重要业务和优质资产，其利润率相对较高。因此，不可忽视分拆后对××股份公司业绩产生可能的不利影响，这些问题如果不妥善处理会进一步会影响到母公司的再融资及未来发展问题。

五、××股份分拆上市思路与模式

1. 海外证券市场选择

1.1 ×海外证券市场主要考虑美国与香港两地，这两个地方都是全球的金融中心，证券流通性好，筹资及再融资功能强大，目前国内企业海外上市主要选择这两个地方。

1.2 海外证券市场相关指标对比

● 筹资额、市盈率对比

从下图中可以看到，国内企业在香港与美国上市其市盈率均处于较高的水平，受到投资者追捧程度高。

	香港	新加坡	美国	加拿大
市场资金供给量	大	较小	最大	大
发行市盈率	较低	高	最高	较低
内地上市民企市盈率	22.61	5.77	22.57（NSDAQ）	
2003 年度市场总筹资额	2136.85 亿港元	27 亿新币		
2003 年度新上市公司数	73 家（二板 27 家）	45 家		
2003 年度每家平均筹资额	29.27 亿港元	0.6 亿新币		
2003 年度中国企业筹资额	20 家 504 亿港币	12 家 3.5 亿新币		
其中：创业板	8 家 12 亿港币	2 家 1200 万新币		
筹资额	明显高于新加坡	明显低于香港	最大	一般

图 3

● 发行费用对比

	香港	新加坡	美国	加拿大
费用率（以上市集资额百分比计）	8%~12%	5%~7%	10%~15%	10%~15%

	香港	新加坡	美国	加拿大
IPO 费用绝对额（筹资 1 亿）	1000～15000 万港元	600～1000 万人民币	平均超过 150 万美元	1000 ～ 1500 万人民币
买壳成本	主板 6000～8000 万港币，创业板 2000～4000 万港币。而且资产注入较为困难，即时再起融资难度大，是非净壳公司	一般 与 直接 IPO 的成本差不多	壳资源的价格一般仅 20～40 万美元，同时为净壳公司，再起融资比较容易	1000 万人民币左右
倘若未成功上市发生的必备费用	800 万港币左右	400 万人民币左右	80 万美元左右	400 万人民币左右

● 综合指标对比

如下图所示，从主要指标及综合指标对比来看，应首选择香港，其次是美国市场。主要指标是证券市场的筹资功能、再融资功能、市场活跃度及流动性等方面，综合指标则是考虑了政策、上市费用等方面。

因此，综合考虑各方面因素后，建议××分拆资产选择在香港主板上市。

	香港	美国	新加坡	加拿大
中国政策影响力	★★★	★★★★	★★★★	★★★★
当地证监会监管力度	★★★★★	★★★★★	★★★★	★★★★
对企业品牌号召力	★★★★	★★★★★	★★★	★★
媒介推介力度	★★★★★	★★★★★	★★★★	★★

	香港	美国	新加坡	加拿大
活跃程度	★★★★	★★★★★	★★★★	★★★★
资金量	★★★	★★★★★	★★	★★★
对策略基金的吸引	★★★★★	★★★★★	★★★	★★★
股价上行空间	★★★★	★★★	★★★★★	★
上市费用	★★★★	★★★	★★★★★	★★★
发行市盈率	★★★	★★★★★	★★★★	★★★
发行上市周期	★★★★	★★★	★★★★★	★★★★★
筹资额	★★★★★	★★★★★	★★★	★★★★
对境内企业欢迎程度	★★★★★	★★★★	★★★★	★★

图 4

2. ××分拆海外上市方案分析

2.1 海外上市几种主要方式

● 海外直线 IPO——即注册在境内的企业在海外直接发行 H 股、N 股、S 股等股票或存托凭证并上市。

如果××采用这种方式，则需先将拆分出来的资产在引入合资者后在境内设立新的车桥零部件股份公司，在资产、人员、业务、财务等方面达到相关法规即可直线进行海外 IPO。这种方式所涉及的业务及资产重组、独立经营、关联交易、同业竞争、土地权属、税务等问题，面临的监管相对比较复杂，但其路径安排相对比较简单。

● 海外曲线 IPO（红筹股形式）——是指境内企业实际控制人以个人名义在开曼群岛、维京、百慕大等离岸中心设立离岸公司或者壳公司，再以境内股权或资产对壳公司进行增资扩股，并收购境内企业的资产，以境外壳公司名义达到曲线境外上市的目的。通常离岸公司设立在英属维京岛、巴哈马、开曼群岛、百慕大群岛、巴拿马等世界著名的避税岛。

××股份如果采用这种方式，需要先在境外注册设立离岸公司，然后将境内的车桥及零部件资产对壳公司进行增资扩股，以达到收购分拆资产的效果，当业务规模达到境外交易所上市要求后，再以境外壳公司名义达到曲线境外上市的目的。好处主要是离岸公司可以节税，避税岛对当地注册公司豁免所得税、资本利得税、公司应付税和印花税，而只需每年收取几千美元年费。另外，境外公司累积盈余可以无限制地保留。

● 海外买壳上市——海外买壳上市、反向兼并中国大陆或大陆之外的企业法人，然后由壳公司实现再融资。

2.2 海外上市方式的综合对比

表3

	直线 IPO（H 股）	曲线 IPO（红筹股）	海外买壳上市
操作便捷性	国内审批繁琐	增加了海外注册手续，但规避了国内审批	规避了国内审批，但资产业务注入难度大
中国政府的标准和监管	高，十分严格，并经常受宏观产业政策影响	低，基本规避了监管和宏观产业政策影响	基本规避了监管和宏观产业政策影响
费用成本	正常	增加了海外注册相关的费用，但可享受税收优惠	壳成本较高
融资便利性及金额	直接实现融资	直接实现融资	一般即时再融资难度很大
操作周期	正常	短于直线 IPO	较短

综上所述，建议××股份分拆选择海外曲线 IPO（红筹股）的形式实现上市，这种方式相对最为便利。

（本文完成于 2007 年）

A公司物流商业模式建议

这对于A公司资源来说，正好是个发展的契机。作为一个有着多年大宗商品经营经验的公司来说，必须整合国内外的采购、销售渠道，利用国内的现货、期货操盘经验，拓展合作银行的授信额度及融资产品，积极为国内的中小型企业，尤其是那些融资无门的民营企业，打造一个联合采购、集中配送的大宗商品多元化融资平台。

一、目前基本态势

（一）A 公司从事金属仓储物流业的优势

● A 公司多年来所树立的品牌资信度，对从事公共物流仓储服务行业至关重要。

● A 公司资源本身具有多年营造的稳定的有色金属贸易平台，凭借成熟而专业的贸易渠道和丰富的行业经验，将为提供全方位的有色金属仓储物流服务提供保证。

● A 公司资源拥有多年来积累的各类金属贸易上下游客户资源，介入本土化物流经营，同客户文化背景一致，有良好的客户关系基础，利于客户市场的稳定。

● A 公司资源依靠集团在资金和信用上的有力支持，和已经同金融机构之间培育的良好银企关系，将非常有助于仓单融资方案等的实施。

（二）A 公司资源的劣势

● A 公司资源缺乏成熟的有色金属仓储企业的组织、管理、营运经验，缺乏现代有色金属仓储服务相关人才。

● A 公司资源融入本地区物流行业圈中尚需假以时日。

（三）目前主要制约因素

● 临港物流目前交通因素制约本公司初期发展

目前临港物流园区的铁路中心编组站已经开通，与全国 18 个集装箱中心站组成便捷的铁路运输网络，但规划的铁路运输主要用于集装箱业务，不针对散货业务，这对我们初期的业务发展有一定的影响。

物流园区的内河经由黄浦江连通长江，是重要的内河运输网络通道，但由于内河水深不够，规划是达到承载 1000 吨级，目前只能承载 500 吨级船舶，这对我们的业务也有较大的影响。

● 自身业务远不够支撑物流容量

原计划是建设一个以有色金属仓储为主的多功能物流基地，根据目前实际情况，我公司每年的有色金属周转量不到 10 万吨，自己的业务支撑量只占到 5% ~ 10%。因此，需要大力拓展外部业务。

● 物流业自主经营能力不足，需引入合作者

由于我们初次进入物流领域，没有物流行业运作经验，同时缺乏团队、客户、管理，诸多因素决定着目前尚不具备自主经营的能力。因此，需要引入外部合作者。

综上所述，结合自身的状况及目前态势，A 公司物流项目在初期必须同专业的物流公司及金融机构合作组成服务团队，利用公司多年来积累的有色金属生产、贸易客户资源基础进入物流仓储服务业。

二、模式选择与定位

● 运营方式上走合作之路

由于缺乏物流领域经验、团队、管理、客户等诸多因素，尚不具备自主经营的能力，必须考虑引入优秀的物流公司，与之形成长期稳定的战略合作关系，走合作之路，我们参与管理，逐步学习物流领域经营经验。合作的方式可以有多种，主要为合资或者是业务外包。

● 运营初期定位以建综合库为主，兼顾有色金属物流

由于我公司每年的有色金属周转量不到 10 万吨，自己的业务支撑量只占到 5% ~ 10%，因此，需要大力拓展外部业务。但在发展初期，要吸引众多的有色金属客户并不现实，本着总体规划、逐步发展的思路，在运作初期，可以考虑先做综合库，以集装箱业务为主，兼顾有色金属物流，逐步积累行业运营经验。

● 拓展融资工具，构建大宗商品联合采购和集中配送平台

大宗商品在国内的融资目前情况下多为标准仓单、非标准仓单的质押融资。随着中国与世界各大资源市场的紧密合作，国内的中小型原材料进出口企业，对于融资的需求越来越迫切。

这对于 A 公司资源来说，正好是个发展的契机。作为一个有着多年大宗商品经营经验的公司来说，必须整合国内外的采购、销售渠道，利用国内的现货、期货操盘经验，拓展合作银行的授信额度及融资产品，积极为国内的中小型企业，尤其是那些融资无门的民营企业，打造一个联合采购、集中配送的大宗商品多元化融资平台。

三、现阶段运作建议

1. 积极寻找战略合作者

与战略伙伴合作的方式可以有多种形式，主要为合资、业务外包等方式。

● 优先考虑合资方式

鉴于 A 公司资源目前的态势，以及今后的发展战略，必须积极寻

找国内外专业的、优秀的第三方物流公司，与之建立长期稳定的战略合作关系，优先考虑合资方式，共同运营，这样我们可以参与管理，参与运营，为项目发展积累经验、培养团队。

● 其次考虑外包的合作方式

由于目前我公司在物流领域除了拥有一块地外，基本处于空白的景况，与外方合资经营可能并无太多优势与吸引力，这种情况下，退而求其次，可考虑主要业务外包的方式，或者与中小船公司合作，作为他们的集装箱后备堆场。

2. 收购或参股物流公司以"买壳入市"方式进入物流业

通过收购兼并中小物流公司，以"买壳入市"的方式进入物流业。这种方式适用于业务发展初期，局面难以打开的情况，通过收购兼并的绕道方式进入物流业，缩短了自身在物流业艰难探索发展的历程，直接借助与利用原公司的经验、管理团队、客户资源，将自身业务的发展直接跨入到主航道。收购的目标应定位于国内中小型物流公司。

3. 加快物流人才引进与储备工，尽快成立项目组

当前推进临港物流项目特别需要相关专业人才，需要加快人才引进与储备工作，并由相关专业人士成立项目组，全盘筹划物流项目的推进与发展。人才引进路径可考虑按以下思路：

重点引进国际物流人才，具有国际大型金属物流企业从业经验的人才应优先考虑；其次考虑引进具有国内金属交割库从业经验的人才，也可考虑其他的具有国内金属物流从业经验的人才。另外，具有物流土建经验的专业人才也需要重点考虑引进。

四、具体工作计划与安排

目前临港物流项目要从两方面着手安排具体的工作计划：一方面是商业模式定位及业务工作推进，另一方面是与工程设计、建设有关的办理各类手续的程序工作，这两方面的工作需要同时并行推进。

（一）业务工作计划

业务工作计划主要是商业模式定位及业务工作推进方面的具体安排，见表1。

表1　　　　　　　　　　　　　业务工作计划表

工作节点	简述	时间节点
确定商业模式	进一步明确、细化商业运作模式	1月份
成立项目组	引入专业人才，成立专门的临港项目组	2月~3月份
设计商业计划书	针对外部合作者，设计商业计划书	2月~3月份
接洽合作者	积极与潜在合作方沟通、商讨合作事宜	3月份
签订合作协议	签订正式的合资或合作协议	

（二）工程设计与建设相关工作计划

根据工作计划，预计在3月初签订土地出让合同，管委会的要求是半年内开工。开工前准备工作的时间安排比较合理充裕，可以于2008年下半年举行奠基仪式，然后到2009年正式开工建设。目前项目周边的中远、中海、国储、中储、马士基、东方金发等土地协议转让的均已开工，其他地块中有的正在挂牌，川崎振华、NYK、DHL、东方海外和中特等地块正等待挂牌。

表2　　　　　　　　　　　　**工程设计建设工作计划表**

工作节点	简述	时间节点
修订设计方案和工程许可	管委会对该地块的规划提出了新的要求，特别是容积率提高到0.8，所以我公司请设计院对规划方案和工程许可报告进行修订并重新进行环评报批。目前正等待批复。	1月底
建设用地规划许可证	向管委会申请	2月初
供地批文	管委会出	2月初
地质详勘	桩基承重的地质勘查。2周	2月15日
签订土地出让合同	由管委会办理建设用地批准书，办好即可签订	3月5日
编制扩初	由设计院编制。一般最长3周。2月15日始	3月6日
扩初征询意见	环保、消防、劳动、卫生、人防、绿化、交通、环卫等，3月7日始。同时报管委会。5周	4月10日
专家评审	由管委会指定专家	4月10日
扩初批准		4月23日
编制施工图	设计院编制，一般3周以内，4月24日始	5月14日
审图	管委会审。2周	5月28日
施工图征询意见	交通、卫生、环保等部门，3周	6月4日
建设工程规划许可证	管委会10个工作日。2周	6月18日
监理、施工邀标	工程队和监理。施工图审查备案后招标。4周	7月9日
报监	7月10日质量监理报监。2周	7月23日
施工许可证	报管委会。1周	7月30日
施工	施工期1年以内	2009年
竣工验收	主要是消防、规划验收，工程审价，审计等	

（本文完成于2008年）

M公司财务尽职调查及简析

　　M公司收入的确认不符合相关会计准则和制度的要求，系按照开具的发票来确认收入，且发票的开具存在随意性。经查发现有未按代销清单开票的情况。另由于各种原因，M公司无法开具增值税红字发票，销售退回部分未按实进行账务处理。需重点关注M公司销售收入、销售成本、应收账款、存货金额的准确性、真实性。

一、公司简介

（一）公司基本情况

成立于 1981 年的上海 M 生物制品厂原为上海市某校办厂，并于 1998 年 12 月改制为上海 M 生物制品股份有限公司（非上市）（以下简称 M 公司）。M 公司主要生产和销售已取得药证和生产许可证的农药，有生物农药、环保农药等。目前经批准的经营范围：农药产品生产和销售自产的农药产品，生产销售生物肥料、生物生长调节剂、种子包衣剂、生化制品、生物发酵制品、工业级添加剂、助剂、饲料及饲料添加剂、发酵设备及配件，M 注册资本：人民币 5500 万元。

M 公司下设上海 M 生化制品销售有限公司（以下简称销售公司），成立于 2004 年 4 月，由 M 公司出资人民币 190 万元，占 95% 股权；F 先生出资人民币 10 万元，占 5% 股权。注册资本：人民币 200 万元；经营范围：农药，生物肥料，生长调节剂，生化制品批发零售。生物技术咨询、技术开发、技术服务（以上涉及行政许可的凭许可证经营）。

M 公司和销售公司为两块牌子一套班子，其人员、办公场地、办公设备和经营管理系统都统一运营，销售公司的成立初衷系享受税务机关对农药销售公司的增值税税收优惠，而 M 公司自 1999 年已被认定为高新技术企业，可享受所得税优惠，而销售公司未获得所得税优惠政策，出于节约税务成本的考虑，销售公司仅在开业初期有 2200 万元的销售收入外，近几年基本无销售收入。故本次对该两公司作为统一的经营实体进行尽职调查。

（二）公司结构

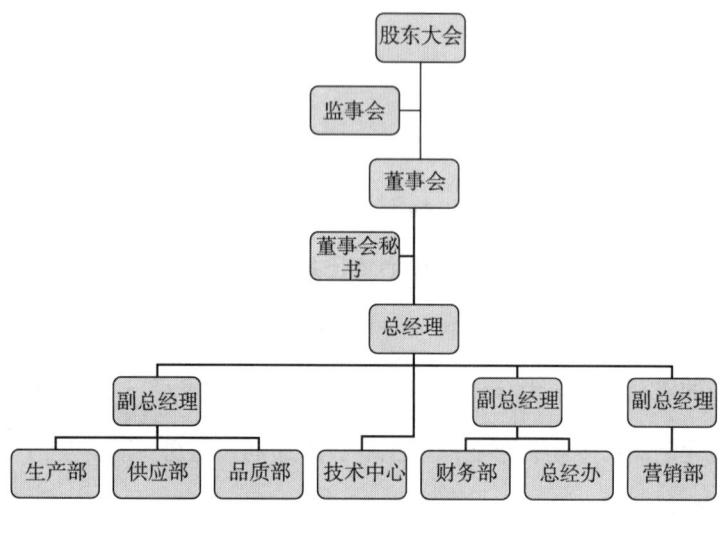

公司组织结构图

（三）厂房和设施

M 公司截至 2009 年 7 月 31 日在自有土地上建有厂房、办公楼、仓库及附属设施 20 幢，计建筑面积 3693.21m²，其中，有房产证的在用建筑物 4 幢，建筑面积 2068m²；尚未能获取房产证的建筑面积 1625.21m²，为 M 公司在经营期间自行改造而增加。

（四）近两年主要经营指标

2008 年 1～12 月份主营业务收入 7903 万元，净利润 422 万元，净资产 5401 万元。

2009 年 1～7 月份主营业务收入 7048 万元，净利润 712 万元，净资产 6113 万元。

（五）经营管理系统

M 公司和销售公司统一经营管理系统，主要经销 M 公司自产生物、化工农药产品。

2007 年之前，M 公司主要是采用了传统的销售模式，其主要客户是县级代销型的销售系统，这种经营管理系统给 M 公司应收账款、存货的控制带来很大的困难。

2008 年 M 公司开始试行部分地区的直销替代代销模式，这种方式对 M 公司的应收账款的周转加快和存货的减少有明显的帮助。

2009 年市场营销模式

M 公司的市场营销模式——基层网络服务及营销模式

A. 经销型的基层网络服务及深化模式

客户类型：认同 M 公司的经营和发展理念，与 M 公司建有长期合作关系，具有优势互补、资源共享效果的客户。其基层网络客户在 500 家以上。年销售规模在 5000 万元以上。

合作方式：该客户与 M 公司的业务合作是产品经销关系，在经销过程中采用授信额度管理、合同约定付款方式、非产品质量问题情况下不退货，产品市场零售价听取 M 公司参考意见，M 公司市场专员不干预客户的市场销售活动，M 公司对已发给客户的商品无处置权。

市场划分： a 以产品应用作物划分客户的市场范围

b 以客户网络覆盖区域划分客户的市场范围

M 公司服务及营销梳理的目标对象为经销商基层网络。

市场服务及深化：市场信息、产品定位、产品竞争价格、市场新产品需求、M 公司产品的成长性调查、M 公司产品的竞争性调查、M 公司产品的市场容量、M 公司产品的市场份额增加性调查、竞争对手调查、市场变化动向、基层服务方式、产品促销方式、目标客户的激励机制。

M 公司信息管理：每周 1 次的信息汇总，由市场专员通过电脑网络传递给 M 公司市场部。

2009 年 M 公司通过整合方式使一部分代销商模式转变为经销商模式，这对降低 M 公司经营风险，增加 M 公司资金流动性有明显的好处。

B. 代销型的基层网络服务及推进模式

客户类型：认同 M 公司的经营和发展理念。在其经营的区域内有长期的信誉度，有一定的资本、有固定的资产及经营场所、基层网络客户在 100 家以上，年销售规模在 200 万元以上。

合作方式：该客户与 M 公司的业务合作是产品代销关系，在代销过程中采用授信额度管理、滚动结算付款方式、产品市场批发价、零售价听取 M 公司主导意见，M 公司市场专员不干预客户的市场销售活动，M 公司对已发给客户的商品具有处置权。

市场划分：以客户网络覆盖区域划分客户的市场范围。

M 公司服务及营销管理的目标对象为代销商基层网络。

市场服务及推动：市场信息、产品定位、产品竞争价格、市场新产品需求、M 公司产品的成长性调查、M 公司产品的竞争性调查、M 公司产品的市场容量、M 公司产品的市场份额增加性调查、竞争对手调查、市场变化动向、客户区域周边的市场保护及协调、客户及其基层网络客户的利益调查、基层服务方式、产品促销方式、目标客户的激励机制、M 公司分级客户的扩展及管理。

M 公司信息管理：每周 1 次的信息汇总，由市场专员通过电脑网络传递给 M 公司市场部。

C. 直销型的基层网络服务及营销模式

客户类型：认同 M 公司的经营和发展理念。在其经营的乡镇区域内有长期的信誉度和一定的影响力，有固定的资产及经营场所、年销售规模在其经营的乡镇区域内位于前三名以上，能将 M 公司产品作为其第一重点产品排列的乡镇农技站、乡镇经销商、专业化防治组织、种田大户、农场等。

合作方式：该客户与 M 公司的业务合作是产品直销关系，该客户为 M 公司的直接基层网络客户，在直销过程中采用授信额度管理、滚动结算付款方式、产品零售价听取 M 公司主导意见，M 公司对已发给客户的商品具有处置权。

市场划分：以交通便捷、作物集中、用药水平高、市场混乱、农药厂家直销已涉及、土地面积较大、民风良好的地区为主要发展地区。

M 公司服务及营销管理的目标对象为代销商基层网络。

市场服务及营销：市场信息、产品定位、产品竞争价格、市场新产品需求、M 公司产品的成长性调查、M 公司产品的竞争性调查、M 公司产品的市场容量、M 公司产品的市场份额增加性调查、竞争对手调查、市场变化动向、客户区域周边的市场保护及协调、基层网络客户的利益调查、基层服务方式、产品促销方式、目标客户的激励机制、M 公司基层网络客户的扩展及管理。

M 公司信息管理：销售旺季每天 1 次、销售淡季每周 1 次的信息汇总，由市场营销主管通过电脑网络传递给 M 公司市场部、销售部。

以上为 M 公司提供的相关经营管理制度的说明，经本次尽职调查，

M 公司尚未完全按上述制度执行。

（六）财务控制系统

M 公司和销售公司实行集中统一的财务控制系统，但因是两个法人公司，故设立两套账户，销售公司主要是从 M 公司购入产品，然后再开票对外销售，销售收入分别计入两公司并结转相应成本，各项费用绝大部分计入 M 公司。

M 公司财务部门对商品采购和库存的控制很弱，财务报表难以真实反映销售成本和库存存货的金额和数量及品种、规格。

二、资产负债表分析

（一）货币资金

截至 2009 年 7 月 31 日，M 公司合并报表货币资金为 3855424.85 元，其中，M 公司 3853903.12 元，销售公司 1521.73 元。

M 公司账面记录现金 158464.13 元。银行账户共计 8 户，记录银行存款 3686446.50 元。记录其它货币资金 8992.49 元。

销售公司账面记录现金 123.10 元。银行账户共计 1 户，记录银行存款 1398.63 元。

M 公司银行存款余额中美元金额为 94996.67 元，折合人民币金额为 649007.74 元。经复核，按照期末汇率应折合人民币 649045.75 元，故存在差异 38.01 元。

（二）应收账款及坏账准备

截至 2009 年 7 月 31 日，M 公司内部交易抵销后的合并应收账款净额为 48589016.92 元。其中：应收账款余额 52998106.83 元，计提坏账准备 4409089.91 元，全部为应收销货款，共 200 余户。

M 公司应收账款余额 51515368.43 元，坏账准备 4395742.53 元，净额 47119625.90 元。

销售公司应收账款余额 1482738.40 元，坏账准备 13347.38 元，净额 1469391.02 元。

因本次调查以 2009 年 7 月 31 日为截止日。由于 M 公司财务电脑系统不能准确划分账龄。故按照 2008 年审计报告附注中的往来科目账龄以及 2009 年间实际发生的增减变动情况分析账龄。

本次调查账龄划分 1 年以内为 2009 年 1 月 1 日至 2009 年 7 月 31 日，1~2 年为 2008 年 1 月 1 日至 2008 年 12 月 31 日，2~3 年为 2007 年 1 月 1 日至 2007 年 12 月 31 日，3 年以上为 2006 年 12 月 31 日以前。其他所涉及的往来科目均按此方法来进行账龄分析。

造成应收账款余额较大的原因除了 M 公司为大客户提供货款信用期外，确有客户到期未付款，产生呆账。

应收账款账龄分析（见表1）。

表 1   **××公司应收账款账龄分析**   单位：元

账龄	2008 – 12 – 31				2009 – 7 – 31			
	账面余额	比例（%）	坏账准备	账面净额	账面余额	比例（%）	坏账准备	账面净额
1 年以内	38303609.08	71.49	381556.09	37922052.99	30762672.81	58.04	0	30762672.81
1~2 年	6483376.85	12.1	324168.84	6159208.01	14939718.55	28.2	368208.71	14571509.84

账龄	2008 – 12 – 31				2009 – 7 – 31			
	账面余额	比例（%）	坏账准备	账面净额	账面余额	比例（%）	坏账准备	账面净额
2~3年	5652253.47	10.55	565225.35	5087028.12	2937761.48	5.54	337516.22	2600245.26
3年以上	3138139.63	5.86	3138139.63	0	4357953.99	8.22	3703364.98	654589.01
合计	53577379.03	100	4409089.91	49168289.12	52998106.83	100	4409089.91	48589016.92

应收账款—上海某实业有限公司，账龄在 1 年以内的 16111615.89 元中有 10928412.03 元是根据 M 公司与永众公司于 2009 年 1 月 15 日签订的 "M 永众客户整合合作协议" 以及于 2009 年 6 月 30 签订的 "M 永众整合客户合作协议核查确认书"，M 公司将 148 家客户的应收账款债权按照双方确认的金额转让给永众公司的，该部分货款回收期限为确认书签订后的年内，截止本次调查日，尚未收到该款项；账龄在 3 年以上的应收江苏 A 县植保站 205988.00 元（已计提 10% 坏账准备）、B 植保站 256543.10 元（已计提 100% 坏账准备）存在货款纠纷，经法院判决，M 公司胜诉，但款项至今尚未收回。

上述应收账款中有部分客户的货款已收回，但挂账在预收账款中，M 公司尚在清理中。

M 公司估计账龄在 3 年以上的应收账款 2861120.40 元已无法收回。

根据 2009 年 7 月 31 日期末余额及账龄分析，应补计提坏账准备 1297252.88 元。

（三）预付账款

截至 2009 年 7 月 31 日，M 公司合并预付账款金额为 2184014.57 元，为母公司 M 公司，预付 19 个单位的购货款。

表 2   预付账款账龄分析   单位：元

账龄	2008 - 12 - 31		2009 - 7 - 31	
	金额	比例（%）	金额	比例（%）
1 年以内	283751.23	99.15	2161452.07	98.97
1~2 年	0.00	0.00	20125.00	0.92
3 年以上	2437.50	0.85	2437.50	0.11
合计	286188.73	100.00	2184014.57	100.00

上述期末预付账款中，由应付账款借方余额重分类转入 1407577.07 元，主要是 M 公司将实际支付的货款与材料入库暂估的应付账款分别挂应付账款借贷方，在尚未取得购货发票的情况下，报表列示为预付账款和应付账款所致。

账龄在 1 年以内的预付上海某建筑工程有限公司的 580000.00 元应转入在建工程，预付上海某科技发展有限公司 674769.47 元，其中 M 公司给予其暂借款 1730000.00 元，应调整至其他应收款，其余 1055230.53 元为尚未支付的货款；账龄在 1~2 年的预付江苏某化学有限公司 20000.00 元为购买该公司由农业部授权的相关农药试验结果的相关分析数据资料款，应调减以前年度损益；账龄在 3 年以上的预付松江某气体站 2437.50 元为购买材料款，已使用，应调减以前年度损益。

（四）其他应收款

截至 2009 年 7 月 31 日，M 公司合并其他应收款金额为 2219152.36 元，全部为母公司 M 公司账面金额，共计 21 户。

其他应收款账龄分析（见表3）。

表3 账面结构分析 单位：元

账龄	2008－12－31				2009－7－31			
	账面余额	比例（%）	坏账准备	账面净额	账面余额	比例（%）	坏账准备	账面净额
1 年以内	3181055.00	90.00	31810.55	3149244.45	－393510.39	－15.25	0.00	－393510.39
1～2 年	640.00	0.02	32.00	608.00	2618500.00	101.55	31810.55	2586689.45
2～3 年	28183.30	0.8	2818.33	25364.97	640.00	0.02	32.00	608.00
3 年以上	324676.84	9.18	324676.84	0.00	352860.14	13.68	327494.17	25364.97
合计	3534555.14	100.00	359337.72	3175217.42	2578489.75	100.00	359336.72	2219152.03

账龄在 1 年以内的应收上海某投资管理有限公司 672500.00 元系预收 2008 年 10～12 月及 2009 年 1～7 月的房屋租金，M 公司尚未确认房租收入；账龄在 1～2 年的应收上海某草坪保护有限公司 50000.00 元为 M 公司向其借款应付的利息费用，尚未结转至费用，应调减以前年度损益；应收东台市某生物制品有限公司 2500000.00 元为投资该公司款项，按照 2009 年 5 月与××签订的股权转让协议，M 公司将其持有的东台

公司 50% 股权转让给××，转让价为 2500000.00 元，××应于 2009 年 11 月 30 前将此款付至 M 公司，截止本次调查日，尚未收回该款项；账龄在 3 年以上的已离职的职工备用金 8150.00 元（已计提坏账准备 1490.00 元）尚未处理。

2004 年 F 先生投资销售公司 5% 股权时，将 M 公司其他应付款中 10 万元作为个人投资款，故应向 F 先生收回此款，同时调增以前年度损益。

根据 2009 年 7 月 31 日余额及账龄分析，应补计提坏账准备 127576.32 元。

（五）存货

截至 2009 年 7 月 31 日，M 公司合并存货金额为 54213631.85 元，其中：原材料 8113133.74 元，在产品 4451955.18 元，产成品 45059090.88 元，已计提存货跌价准备 3410547.95 元。所有存货均为母公司 M 公司持有。

（六）长期股权投资

截至 2009 年 7 月 31 日，M 公司合并长期股权投资金额已全额抵销。

M 公司母公司长期股权投资为投资销售公司。

表4　　　　　　　　　　账面结构分析　　　　　　　　　单位：元

项目	2008 - 12 - 31			2009 - 7 - 31		
	账面余额	减值准备	账面净额	账面余额	减值准备	账面净额
长期股权投资	1720632.66	0.00	1720632.66	1720632.66	0.00	1720632.66

按照投资协议规定，M公司持有销售公司95%股权，其余5%股权为F先生持有。按照M公司第二届董事会第八次会议（专项）决议04号，F先生个人向M公司声明，以其名义出资形成的股权归属于M公司，全部收益归M公司所有。2004年出资时，F的出资额10万元为M公司提取的以前年度公司高管人员奖金。

2009年1～7月M公司尚未按照权益法确认对销售公司的投资损益。按照M公司持有销售公司95%股权及销售公司2009年1～7月净利润计算，以及调整与M公司往来之间的差异后，应调减M公司母公司2009年1～7月投资收益5739.92元及调减以前年度损益3.80元（合并时已抵消）。

（七）固定资产

截至2009年7月31日，M公司合并固定资产净值为19567202.88元，所有固定资产均为母公司M公司持有。M公司每年购买财产保险。

表5　　　　　　　　　　　固定资产净值　　　　　　　　　单位：元

工程项目名称	期初余额	本期增加		本期减少	
	金额	2008年	2009年1～7月	2008年	2009年1～7月
房屋及建筑物	19765374.37	−1217026.80	−1073369.73	0.00	744815.09
机器设备	2685548.45	−596498.81	170404.51	0.00	0.00
运输设备	345133.05	409278.81	−10629.63	166196.25	0.00
合　计	22796055.87	−1404246.80	−913594.85	166196.25	744815.09

M公司设备折旧年限5～10年，残值率4%；

M公司运输设备折旧年限6年，残值率4%；

M 公司固定资产期末不进行减值测试，故均未计提减值准备。

M 公司的生产设备使用时间较长，成新率较低，经盘点，设备存在盘盈、盘亏、闲置等情况，主要原因系拆除的粉剂车间的设备尚未在其他车间安装使用及 M 公司固定资产实物与账面分类、入账方式的差异，目前 M 公司正在清理中。

M 公司运输设备主要是轿车 3 辆，卡车 1 辆。M 公司采购原料、销售产品所需运输主要采用外包方式。外销产品全年一次于年底结算运输费用，内销产品每季结算运输费用。

（八）无形资产

截至 2009 年 7 月 31 日，M 公司合并无形资产金额为 10000.00 元，所有无形资产均为母公司 M 公司持有。

表6
单位：元

无形资产名称	发生日期	无形资产原价	摊销期限	2008 年 1～12 月摊销额	2009 年 1～7 月摊销额	累计摊销期末余额	剩余摊销年限
商标	2005 年 6 月	250000.00	50 个月	60000.00	35000.00	240000.00	2 个月

该商标权为 2005 年 6 月购入，商标权有效期限从 2000 年 7 月 21 日至 2010 年 7 月 20 日止，应按 62 个月摊销，M 公司按 50 个月摊销，故截至 2009 年 7 月 31 日，多摊销 38387.00 元。

（九）应付账款

截至 2009 年 7 月 31 日，M 公司合并应付账款为 38378476.52 元，全部为母公司 M 公司应付购货款，共 86 户。

表7			应付账款账龄分析		单位：元

账龄	2008 - 12 - 31		2009 - 7 - 31	
	金额	比例（%）	金额	比例（%）
1 年以内	27749178. 42	93. 16	29148451. 26	75. 95
1~2 年	825518. 36	2. 77	7715316. 75	20. 10
2~3 年	1212726. 30	4. 07	425903. 40	1. 11
3 年以上	0. 00	0. 00	1088805. 11	2. 84
合计	29787423. 08	100. 00	38378476. 52	100. 00

M 公司存在应付账款借贷方分别挂账的情况，并有一年以上未取得购货发票和未支付款项的情况，M 公司尚在清理核对中。

（十）预收账款

截至 2009 年 7 月 31 日，M 公司合并预收账款金额为 14196669. 34 元，共 120 余户。其中，母公司 M 公司预收账款金额 14192493. 34 元，销售公司预收账款金额 4176. 00 元。

表8			预收账款账龄分析		单位：元位

账龄	2008 - 12 - 31		2009 - 7 - 31	
	金额	比例（%）	金额	比例（%）
1 年以内	6279080. 21	55. 20	4330560. 07	30. 50
1~2 年	4150031. 64	36. 48	5248922. 59	36. 97
2~3 年	381481. 06	3. 35	3684768. 87	25. 96
3 年以上	564227. 63	4. 97	932417. 81	6. 57
合计	11374820. 54	100. 00	14196669. 34	100. 00

上述预收账款中，从应收账款贷方余额重分类转入的有

13643833.18 元，占预收账款总额的 96%，主要为货款已收但未开票确认收入所致。

账龄在 1～2 年的预收潍坊市某生物科技有限公司 60000.00 元，为出售资料款，应调整至以前年度损益并补提相对应的营业税金及附加；预收账款—客户代码为"00000"的货款 50000.00 元，M 公司解释为应收账款收回，因未查清对应欠款客户，故挂账。

M 公司下设长沙、武汉、沈阳等办事处（经了解该些办事处均未办理工商登记），主要是 M 公司将货物发送至办事处，由派往当地办事处的人员对外进行销售，收取货款后集中解交到 M 公司。故预收账款中预收 M 长沙办事处 481258.50 元，武汉 M 办事处 1202313.99 元，沈阳办事处 70000.00 元尚未明确至具体客户。

（十一）其他应付款

截至 2009 年 7 月 31 日，M 公司合并其他应付款金额为 4949537.90 元，其中，母公司 M 公司 4886052.01 元，销售公司 63485.89 元，包括应付工程款及个人借款和养老金等。

表 9　　　　　　　　　　其他应付款账龄分析　　　　　　单位：元

账龄	2008 - 12 - 31		2009 - 7 - 31	
	金额	比例（%）	金额	比例（%）
1 年以内	3816666.14	77.98	1086943.90	21.96
1～2 年	0.00	0.00	2984978.47	60.31
2～3 年	753752.47	15.40	0.00	0.00
3 年以上	323863.06	6.62	877615.53	17.73
合计	4894281.67	100.00	4949537.90	100.00

账龄在 1 年以内的应付上海某化学化工有限公司借方余额 162500.00 元，为支付的仓库 2009 年 6～8 月租金，应调整 2 个月的租金至 2009 年 1～7 月的费用；账龄在 1～2 年的科研合作费 2108836.87 元为收到市科委、区科委等的各项目的合作费补贴款，M 公司未将相关项目的成本费用支出进行划分，经了解部分项目已完成，应结转至以前年度损益调整，增加相关收入（约 180 万元）；应付外销创汇款 154381.17 元为收到外经委出口创汇奖励，应调增以前年度损益。

2008 年收到上海某大学 14 万元关于水稻纹枯病项目合作费，该项目尚未完成，不应确认收入，应调减以前年度损益，同时计入其他应付款。

上述其他应付款中，有部分无需支付长期挂账款项，M 公司尚在清理中。

M 公司其他应付款中还存在部分款项已支付或未支付的尚未取得发票的情况，目前正在催讨中。

（十二）应缴税金

截至 2009 年 7 月 31 日，M 公司合并应缴税金金额为 -2577683.67 元，全部为母公司 M 公司应缴税金，其明细如下：

表 10　　　　　　　　　　　　　　　　　　　　　　　　单位：元

序号	明细科目	金额
1	增值税	—2577683.67
2	城建税	0.00
3	河道税	0.00
4	企业所得税	0.00
	合计	—2577683.67

M 公司未能按相关代销清单确认收入计算增值税销项，是应交增值税负数形成主要原因之一；

M 公司增值税附加的城建税率为 5%，营业税附加的城建税率为 1%；

M 公司 2009 年 1～7 月企业所得税暂按 1～6 月净利润计算缴纳，未计提 7 月份所得税费用；

（十三）资本公积

截至 2009 年 7 月 31 日，M 公司合并资本公积金额为 11000000.00 元，全部为母公司 M 公司账面金额。资本公积为股本溢价，系 2000 年 M 公司的注册资本从 2100 万元增资到 3500 万元时，股东按 1.5 元/股增资，共增加资本公积 700 万元；2004 年注册资本从 3500 万元增资到 5500 万元时，股东按 1.2 元/股增资，共增加资本公积 400 万元。

（十四）盈余公积

截至 2009 年 7 月 31 日，M 公司合并抵销后的盈余公积金额为 5162758.22 元，系 M 公司成立初期 1999 年至 2002 年从净利润中提取的。销售公司合并抵销前盈余公积为 32209.25 元。

三、利润表分析

（一）营业收入和营业成本

2009 年 1～7 月同比 2008 年度，收入、成本均有较大增长。主要是出口戊唑醇原药和 N，N—二基癸酰胺。

我们在调查中发现：

（1）2008 年度 M 公司与某大学合作防治水稻纹枯病的环保型杀菌

剂研制项目，根据合同要求如项目不能完成，需将预收的款项退回。截至 2008 年底，因为项目尚未完成，暂不能确认收入，故应冲减 2008 年度技术服务收入 140000.00 元，同时减计其他业务成本——营业税及附加，合计 7630.00 元。

（2）M 公司出租给上海某投资管理有限公司的房屋收入只确认到 2008 年 9 月 30 日，故尽调期间需补确认房屋租金收入 2008 年度 3 个月，2009 年度 7 个月，合计 1567500.00 元，同时加计其他业务成本——营业税及附加，合计 85428.75 元。

（二）营业费用

2008 年度与 2009 年 1～7 月，M 公司合并营业费用全部由母公司 M 公司发生。

M 公司销售费用主要核算新产品推广费、过期产品翻新费（损失费）、销售运输费、销售人员工资，奖金，差旅费，招待费等各项费用。经调查，新产品推广费未见具体明细资料；过期产品翻新费因 M 公司拆包料（翻新后可作为原料使用的部分）仓库不入账，实际数与账面核算数有一定差异；销售人员费用，从客户提供的 2008 年销售员结算表中看出，2008 年已报销售费 2296003.65 元，转下年已结未报销售费 202354.79 元，由于 M 公司未能提供详细资料，故未能对销售人员尽调期间相关费用进行复核。

（三）管理费用

2008 年度，M 公司合并管理费用 7250849.69 元，其中，母公司 M 公司 7245619.19 元，销售公司 5230.50 元；2009 年 1～7 月 M 公司合并管理费用 4567398.23 元，其中，母公司 M 公司 4561498.23 元，销售公司 5900.00 元。

M 公司管理费用主要核算新产品研发费用、管理人员薪酬、计提的坏账准备、缴纳的土地使用税等。经调查，M 公司尚未缴纳 2009 年上半年的土地使用税。

M 公司 2008 年的管理费用—折旧费中包含了 2008 年 1~3 月×× 路 89 号的折旧计 214998.60 元，该折旧 2008 年 4 月起归入其他业务支出核算；另产品开发费用中包含的折旧费在 2008 年度中与折旧费有部分串户，故造成管理费用—折旧费 2008 年和 2009 年的数据无可比性。

本次调查发现 M 公司 2008 年度和 2009 年 1~7 月未购买和使用印花税，经询问，M 公司内部也无购买、管理和使用印花税的相关制度。

（四）财务费用

2008 年度，M 公司合并财务费用 1134808.20 元，其中，母公司 M 公司 1134878.94 元，销售公司 -70.74 元；2009 年 1~7 月 M 公司合并财务费用 458223.29 元，其中，母公司 M 公司 458081.27 元，销售公司 142.02 元。

表 11 单位：元

序号	项 目	2008 年度	比例	2009 年 1~7 月	比例
1	利息收入	9631.19	0.85%	9534.38	2.08%
2	利息支出	1125360.50	99.17%	449112.65	98.01%
3	银行手续费	6965.09	0.61%	10422.58	2.27%
4	汇兑损益	12113.80	1.07%	8222.44	1.79%
	合计	1134808.20	100.00%	458223.29	100.00%

2M公司财务费用主要核算利息收支和银行手续费。利息支出主要是贷款利息。经复核公司少计2009年7月末11天贷款利息约2万元。

（五）营业外收支

M公司合并报表反映2008年度、2009年1~7月无营业外收入；

2008年度，M公司合并营业外支出132293.68元，2009年1~7月合并营业外支出731315.09元，均为母公司M公司发生。

表12　　　　　　　　　　　　　　　　　　　　　　　　　单位：元

序号	项　　目	2008年度	2009年1~7月
1	非流动资产处置损失	73196.25	731315.09
	其中：固定资产处置损失	73196.25	731315.09
2	罚款支出	59097.43	0.00
	合计	132293.68	731315.09

2009年1~7月固定资产处置损失系M公司原粉剂车间房屋拆除处理损失。

四、主要税项

（一）所得税

M公司企业所得税费用的会计处理采用应付税款法核算。

所得税适用税率2008年度和2009年1~7月为25%，因M公司相关年度被评为高新技术企业，享受10%的所得税率减免优惠，故M公司实际所得税率为15%。

（二）营业税

M 公司的营业税率 5%，主要为繁华路房屋租赁收入应缴纳的营业税。

（三）增值税

M 公司销售的产品属于增值税中农药的应税范围，故主要增值税率为 13%，另有部分零星收入，适用增值税率为 17%。

五、需关注的财务问题

（一）财务控制系统

M 公司和销售公司实行集中统一的财务控制系统，但因是两个法人公司，故设立两套账户，销售公司主要是从 M 公司购入产品，然后再开票对外销售，销售收入分别计入两公司并结转相应成本，各项费用绝大部分计入 M 公司。

M 公司财务部门对商品采购、库存控制很弱，财务报表难以真实反映销售成本和库存存货的金额和数量、品种及规格。

（二）存货

1. 存货实物管理

材料仓库每月末对实际库存进行盘点，并及时调整仓库的收发存报表，但财务部门未及时按仓库的报表调整相关数据，故导致部分材料数量账实存在较大差异。

财务部门成品收发存期末数量按照内存与外存数量分别列示，其中外存数量在年底应与销售统计中的发出商品数量核对，并对核对差异进行盘盈盘亏处理。截至 2009 年 7 月 31 日，存在的差异，尚未进行处理。

包装材料中与"永众"相关的包装材料，本次调查未盘见相关实物，账面金额为 1030656.44 元。

本次调查由于受条件限制，未对存放于外库的产成品，计41670243.33 元，和在制品，计 4451955.18 元，进行盘点。在制品中的3555462.04 元存放于委托加工厂家—江苏某化工有限公司，本次调查已发询证函，对方已回函确认。

2. 存货跌价准备

M 公司从 2000 年起陆续计提了 341 万元存货跌价准备，但计提了存货跌价准备的商品明细表无法与库存商品对应，是否已报废处理亦不明确。而部分存货确实存在减值的情况，如：产成品有效期为 2 年，但部分存放于仓库的产成品已过期，根据 M 公司仓库提供的清单，截至 2009 年 7 月 31 日，过期退货产品共计 12.3598 吨，账面价值约 50万元；部分包装材料已超过使用年限，账面金额为 512959.11 元，目前已无使用价值；部分铝箔包装材料积压时间较长，应关注其使用价值。

（三）税金

1. 增值税

M 公司未能按代销清单及时确认收入，亦未按实际销售情况计算增值税－销项，M 公司申报应交增值税的准确性无法确认。

2. 所得税

收入、成本的跨期，引起 M 公司各期净利润的变动，需关注对应所得税的申报和缴纳的准确性，故可能会面临补交税及罚款。

3. 房产税

M 公司现有自用房与出租房两类，但成立至今，从未计提和缴纳过自用房 1.2% 和出租房收入 12% 的房产税金。M 无法提供无需缴纳该房产税的文件或依据，故可能会面临补交税及罚款。

4. 印花税

2008 年度与 2009 年 1~7 月，未查见 M 公司缴纳印花税。

（四）收入确认及开票管理

M 公司收入的确认不符合相关会计准则和制度的要求，系按照开具的发票来确认收入，且发票的开具存在随意性。经查发现有未按代销清单开票的情况。另由于各种原因，M 公司无法开具增值税红字发票，销售退回部分未按实进行账务处理。需重点关注 M 公司销售收入、销售成本、应收账款、存货金额的准确性、真实性。

（五）物品毁损情况

2009 年 7 月，M 公司厂区遭大暴雨袭击，导致部分车间及仓库受淹，物品毁损，经 M 公司自查，包装材料损失为 212523.61 元，库存商品损失为 90393.00 元，合计损失为 302916.61 元，以上价格均为不含增值税进项转出额。由于 M 公司已向中国人寿财产保险股份有限公司购买财产保险，合同起止日期为 2009 年 6 月 6 日至 2010 年 6 月 5 日，故据 M 公司称，将获赔 4 万余元，但 M 公司尚未收到赔偿款。受损的包装材料和库存商品现仍存放在仓库内，未与正常使用的包装物和库存商品区分，未能获赔的存货损失 M 公司尚未进行账务处理。

（六）关于与某大学生命科学技术学院签订的共建生物研究开发中心的协议书

2001 年 6 月，M 公司与某大学生命科学技术学院签订共建生物研究开发中心的协议书，该协议书有效期 5 年，合同表明 M 公司应向该研发中心提供总数为 1000 万元的科研基金，且负责提供研发中心每年维持使用费 12 万元，提供给某大学生命科学技术学院每年 13 万元的 M 奖教金。本次调查经询问 M 公司，M 公司口头解释为该合同并未执行，未建立研发中心，也未支付过上述款项；M 公司近期拟与某大学签订补充协议，以明确目前双方权利义务，并对上述 2001 年合同不再有效做出确认。

（七）关于戊唑醇原药的生产和销售情况

M 公司 2008 年和 2009 年 1～7 月份销售的戊唑醇原药金额分别为 4004.78 万元和 4316.81 万元，占同期销售额的比重分别为 50.68% 和 61.25%，戊唑醇原药的毛利率分别为 22.75% 和 29.64%，扣除戊唑醇原药后 M 公司其他所有产品的平均毛利率分别为 22.41% 和 19%，故戊唑醇原药的生产和销售对 M 公司的生产经营具有重大影响。经了解，M 公司系向江苏某化工有限公司采购生产戊唑醇原药的原材料，然后委托其生产加工，再销售给上海某国际贸易有限公司等。该商业模式与 M 公司财务账册上记载的模式不一致，M 公司账面未反映出委托加工行为，我们也未查见委托加工合同，需重点关注 M 公司委托加工戊唑醇原药的真实性和合法性。

关于参与浪莎股份增发的报告

内衣行业旺盛的需求和快速的增长为公司提供了发展空间。内衣行业是纺织服饰制品行业的重要子行业，随着人们生活水平提高和对生活品质的要求不断提高，内衣及相关制品的消费金额不断增长，内衣消费金额占个人服饰消费总金额的比例也呈上升趋势。

从2001年以来，我国内衣出口数量每年以17.83%速度增长，金额增长年均23.40%，累计出口已经达到60亿件，创汇92亿美元。内衣产品的景气度不断提高，呈现出供需两旺的良好态势。

一、公司基本情况

浪莎控股股份有限公司（600137）（以下简称"浪莎股份"）是专门从事针织内衣生产和销售的行业知名企业。公司生产的"浪莎"系列品牌内衣产品先后获得"国家免检产品"、"中国内衣百强品牌"等多项荣誉。目前公司注册资本0.7亿元，净资产1.1亿元，总资产1.8亿元；2008年营业收入1.72亿元，实现净利润2600万元。

表1

每股收益 （元）	每股净资产 （元）	流通股 （万股）	总股本 （万股）	主营业务同 比增长（％）	净资产 收益率（％）
0.37	1.56	2952	7082	29	23.6

＊限售股2010年4月11日解禁。

浪莎股份是2007年由原四川长江包装控股股份有限公司承继而来，依托"浪莎"知名品牌效应和公司管理层多年的针织服装市场拓展经验，浪莎股份通过品牌直销与贴牌代工多种方式相结合，围绕浪莎品牌进行延伸和拓展，已成为立足中国的中高档内衣知名生产商和销售商。目前公司已经具备年产各式内衣约500万套的生产能力，由于产能不足和产能结构等原因，每年通过外协加工生产内衣超过100万套，国外（彪马、阿迪达斯等）著名品牌要求OEM的订单也无法承接，公司生产经营总体处在健康快速的发展轨道中。

二、增发基本情况

（1）增发工作进度：2008 年 11 月 19 日，浪莎股份通过了董事会决议，公司拟不低于 6.49 元/股非公开发行 2000 万股至 3000 万股，发行对象不超过 10 家，单一投资者认购不得超过 1000 万股，以现金方式认购，认购股份自发行结束之日起十二个月内不得转让。该议案 2008 年 12 月份通过了股东大会，并于 2009 年 3 月 26 日获得了证监会审议通过。目前上报材料已封卷，正逐级签批，签批完成后，证监会将根据市场情况确定发行时间。

（2）发行价格：本次非公开发行股票发行价格不低于本次董事会议公告日 2008 年 11 月 20 日（定价基准日）前 20 个交易日股票交均价的 90%，即发行价格不低于 6.49 元/股。但 3 月 26 日证监会审议通过文件中提及募集资金不少于 2.4 亿元，以 3000 万股计，8 元/股。由于浪莎股份目前股价已接近 16 元，投资者认购踊跃，价格还有一定幅度上浮。

（3）增发募资用途：公司此次募资拟投资建设年新增 850 万套高档内衣技改项目，项目投资总额为 16366 万元，投产后正常年销售收入 3.66 亿元，年新增净利 4835 万元。内衣营销网络建设项目投资总额为 4292 万元，主要是拟在义乌国际商贸城三期工程设立两个面积约 300 平米的直营展示店，由公司进行直接管理和经营；同时依托公司主要目标市场，在北京、西安、济南、武汉、重庆等区域销售中心城市建立 5 个大区营销中心，投资完成后，年新增销售收入 9920 万元，年新增净

利润 1287 万元。两项合计，年新增销售收入 4.65 亿元，年新增净利润
6122 万元。

三、项目投资分析

（1）内衣行业旺盛的需求和快速的增长为公司提供了发展空间。
内衣行业是纺织服饰制品行业的重要子行业，随着人们生活水平提高和
对生活品质的要求不断提高，内衣及相关制品的消费金额不断增长，内
衣消费金额占个人服饰消费总金额的比例也呈上升趋势。2007 年度，
全球内衣市场销售总额达到 500 亿美元（不含普通针织内衣），其中美
国内衣市场的营业额是 140 亿美元，欧洲约 139 亿美元，而亚洲内衣市
场的营业额是 100 亿美元，占世界内衣营业额的 20%。同时，亚洲市
场内衣消费以年均 8% 的增长速度远远领先于全球年均 2.9% 增长水平。

中国人口占全球总人口约 1/5，巨大的市场规模为内衣等日常消费
制品行业提供了大量发展机会。据统计，国内内衣市场的年销售额已经
达到 600 亿元以上，并且以年均近 20% 的速度持续增长，呈现了良好
的发展势头，内衣产品无论是在销售数量和销售价格上都呈现了逐步上
扬的趋势。与此同时，国内内衣生产企业依托国内低廉高效的劳动力资
源和原材料供应，充分发挥制造业集聚和成本优势，实现内衣产品对外
出口的快速增长，从 2001 年以来，我国内衣出口数量每年以 17.83% 速
度增长，金额增长年均 23.40%，累计出口已经达到 60 亿件，创汇
92 亿美元。内衣产品的景气度不断提高，呈现出供需两旺的良好
态势。

（2）公司属于服装细分行业中的龙头，拥有完整的产业链和稳定的客户资源，在技术研发方面明显领先于同类企业，这些要素保证了公司在经济下行周期中仍能保持稳定的增长。

（3）浪莎控股承诺，重组后若浪莎股份2007年至2009年净利润低于1120.2万元、1400.25万元和1750.31万元，差额部分由大股东以现金补足，浪莎股份近几年来具有业绩保证。

（4）浪莎控股股份有限公司全资子公司浙江浪莎内衣有限公司被认定为浙江省2008年第四批高新技术企业，认定有效期为3年。公司全资子公司浪莎内衣自高新技术企业认定后3年内（含2008年），企业所得税率由25%降至15%。减税手续完成后，浪莎内衣自2008年开始按15%税率缴纳企业所得税。有助于降低公司税负，提升公司业绩，将对公司2008年、2009年、2010年三年财务状况产生积极影响。

（5）浪莎控股最富盛名的资产是浪莎袜业，这部分业务总资产有10亿元，净资产3亿多，每年的净利为1亿元，主要产品是丝袜与棉袜，其产销量居世界首位，每年都以10%以上的速度增长。目前浪莎控股正在做这部分的资产剥离工作，专门成立了浪莎袜业股份公司，据介绍这部分优质资产将于2011年注入上市公司，这将是未来几年上市公司最大的看点与最富想象力的地方。假设我们2009年6月份进入，2010年6月份解禁，正好接近浪莎股份将要注入袜业资产的时间段，这种重大的资产注入活动对于二级市场股价有较大的支撑，有利于我们从高位退出。

四、投资建议

（1）此次增发不超过 3000 万股，增发价不低于 8 元，目前市场价接近 17 元，相当于现价的 4.7 折，进入成本比较低，具有价格优势。由于是去年 11 月份通过的董事决议，原增发价 6.49 元/股是依据 11 月份的市价确定下来的，而去年 11 月份正好是资本市场行情的最低点，我们现在参与增发相当于是在资本市场行情的最低点买入股票，尽管目前增发价不低于 8 元/股，从价格方面来讲，仍具有较高的成本优势。

（2）浪莎 2008 年每股收益达 0.37 元，此次增发后，产能扩大和营销方式优化将使公司每年新增收入 4.65 亿元，年新增净利润 6122 万元，按增发后一亿股的总股本来计算，保守估计（2600 万元 + 6122 万元 × 0.5 = 5661 万元）2010 年每股收益可达 0.57 元，按照国内内衣市场年 20% 的增长率来看，乐观估计（2600 万元 + 6122 万元 × 0.7 = 6885 万元）2010 年每股收益可达 0.69 元。目前服装行业大多数上市公司均为 40 ~ 50 倍 PE，如杉杉股份 57 倍 PE，报喜鸟 52 倍 PE，红豆股份 48 倍 PE，对 2010 年谨慎的按 25 ~ 35 倍行业平均的 PE 推算（浪莎目前为 42 倍 PE），同时考虑到该公司为小盘股，将来有袜业注入的巨大想象空间，一年后价值在 14.25 ~ 24.15 元（0.57 × 25 - 0.69 × 35）。假设目前我们以增发价 9 元进入，增发后每股净资产约为 3.8 元，市净率为 2.37 倍，理性投资收益率在 58% ~ 168%。

（3）从风险角度看，该项目主要的风险在于一年后宏观经济面及资本市场走势方面。但总体看来，我们认为未来一年资本市场触及

2008 年 11 月份的低点的可能性并不大。

建议：我公司第一次参与上市公司增发项目，为保证投资安全与控制风险，并为将来的类似操作积累经验，如最终确定的增发价在每股 9 元以下，建议投资控制在 3000 万元以内。

（本文完成于 2009 年）

斑斓资本——从业札记：见证中国资本市场变迁

浙江P石化投资建议书（简版）

此次计划增发800万股，占增资后总股本的7.4%，每股定价14元左右（价格未最终确定），拟募集1.2亿元资金。公司截止到2009年9月份净利润为2.1亿元，预计全年净利润为2.2~2.3亿元，以2009年全年的业绩计算进入成本约为7倍多PE。公司近几年业绩保持在50%以上的增长，如果明年业绩增长有保证，以30%增长率计算，那么我们进入PE将会在明年降低至5倍左右，在后年降低为4倍左右，如果公司明年上市，我们后年退出，作为先进的供应链管理行业，即使保守的给予30倍PE估值（目前行业唯一的上市公司怡亚通002183为75倍PE），那么上市退出后我们将会产生比较高的投资收益。

一、供应链管理行业概述

供应链管理是指围绕核心企业，通过对信息流，物流，资金流的控制，从采购原材料开始，制成中间产品及最终产品，最后由销售网络把产品送到消费者手中。它是将供应商，制造商，分销商，零售商，直到最终用户连成一个整体的功能网链模式。它是一个范围更广的企业机构模式，它不仅是联接供应商到用户的物料链，信息链，资金链，同时更为重要的是它也是一条增值链，因为物料在供应链上进行了加工，包装，运输等过程而增加了其价值，从而给这条链上的相关企业带来了收益。供应链管理行业是近年来新兴的朝阳产业，是传统物流业不断发展的高端形式。

怡亚通（002183）是迄今国内第一家上市的供应链管理企业，它开创了一站式全流程服务的供应链管理的新商业模式。它定位于国际快速反应物流的供应链管理，主要从事为企业提供除其核心业务（产品研发和销售）以外，其余供应链管理环节的服务。怡亚通的收入主要是提供供应链管理业务所取得的服务费收入，即分销执行业务与采购执行业务。

怡亚通承接企业非核心业务的外包，包括物流外包、商务外包、结算外包、信息系统及数据外包。也就是说，怡亚通除了研发和市场之外，它几乎可以为企业代理一切。怡亚通可根据全球客户的需求，对供应链各环节进行计划、协调、控制和优化，并通过建立快速响应机制，灵活的服务产品组合，实现商流、物流、资金流、信息流四流合一，形成怡亚通特有的一站式供应链解决方案及服务组合，为企业提供专业、全方位的供应链服务。

二、浙江 P 石化公司简介

浙江 P 石化股份有限公司（下称"P 石化"或"公司"）成立于 2005 年 8 月，注册资本为 1 亿元，总部位于浙江省宁波市，是国内领先的石化产品分销及供应链管理服务商。公司专注于化工原料及纺织原料的分销及供应链管理，具体包括从伊朗石化、马来西亚石油、中石化等国内外大型石化产品生产厂商处采购化工原料，然后将上述化工原料销售给化工原料工业用户，同时为客户提供以供应链管理为核心，包括物流、加工、资金结算、资讯和技术支持等一揽子服务在内的增值服务。

从 2005 年到 2008 年，公司的营业收入分别为 2.25 亿元、39.8 亿元、58.6 亿元、78.56 亿元。P 石化为客户提供以供应链管理为核心，包括分销、仓储、加工、运输、结算、资讯和技术支持等一揽子服务在内的各项业务，致力于提高上下游厂商的生产和运营效率。P 石化分销的聚合物产品包括 PE、PP、ABS、PS、PVC 等，聚酯产品包括 PTA、MEG、PET、POY 等，橡胶产品包括天然橡胶、合成橡胶等，液化产品包括丙酮、芳烃、苯乙烯、甲醇等。

P 石化服务于国内外一百余家石化产品上游供应商，也服务于广泛分布于长三角、珠三角、环渤海地区的七千余家石化产品终端用户。P 石化致力于在石化产品分销及供应链管理上创造价值，P 石化的优秀员工、管理风险的能力、为供应商和客户提供协助的能力，证明了 P 石化是值得信赖的行业伙伴。

表1 　　　　　　　　　　**公司近几年财务状况** 　　　　　　　单位：亿元

年份	2006	2007	2008	2009/09
总资产	7.99	11.2	9.63	14.73
净资产	0.87	1.52	2.28	2.76
收入	39.8	58.6	78.55	70
净利润	0.58	0.6	0.897	2.1

三、行业市场空间

公司主要经营塑料和纺织化纤原料的贸易分销，所经营产品属于化工产品大类。化工产品是全世界除汽车之外的第二大贸易品，目前世界化工贸易额以平均每年约4%的速度增长。中国作为世界第三大化工品市场、第一大的化工品进口国，化工品消费和进出口一直呈现高速增长的势头1999年至2005年期间，我国化工品进口年平均增长率达到23.6%。

在所有化工品原料中，塑胶原料是最为突出的一种，其主要包括聚乙烯（PE）、聚丙烯（PP）、聚氯乙烯（PVC）、聚苯乙烯（PS）以及ABS等五大品种，广泛应用于各行各业，具有需求量大、变现能力强、周转率高等特点，在工业生产领域中发挥着巨大的作用，素有"工业粮食"之称。目前全球塑料消费量达到2.4亿吨，年增长率约为4%。2007年中国消费塑料2700多万吨，属于世界上仅次于美国的塑料化工品消费大国。

四、公司业务模式

P 石化提供的以供应链管理为核心的分销业务流程可以分为采购阶段与销售阶段两个阶段，凭借丰富的行业经验、优秀的专业人才、稳定的供货渠道、广泛的营销网络，公司已经成为马来西亚石油、伊朗石化、中石化、中海油等数十家化工产品上游供应商与七千多家石化产品工业用户之间的桥梁，同时解决了上游厂商"直销难"与下游客户"采购难"的问题，大大提高了他们在生产和运营方面的效率，让上下游客户可以集中精力做好自己的核心业务。在采购阶段，P 石化与上游厂商保持密切的合作伙伴关系。随着竞争的激烈程度加剧，石化产品周期性产能过剩，全球性重组和合并，全球范围内的聚合物工业正面对诸多经营压力。对于上游生产厂商而言，他们想获得商业上的成功一个非常重要的因素是选择适合的公司进行产品营销。P 石化凭借强大的人才优势、充足的银行授信额度支持、遍布全国所有发达地区的营销网络，成为倍受国内外石化产品厂商青睐的合作伙伴。

按照地理位置来区分，与公司长期合作的上游石化厂商分为两类，一类是海外的大型跨国石化企业，如马来西亚石油、伊朗石化、日本住友化学和韩国大林等公司，大多选择国内有资金实力和渠道优势的石化产品综合服务商来进行产品营销；另一类是国内的大型石化厂商，如中海壳牌、台化塑胶和扬子石化等企业，虽然其在国内有分销网络，但是受到自身管理体制以及目标市场资源的限制，直销率大多低于60%，所以需要既熟悉客户需求又有资金实力的石化产品分销商来作为其直销渠道的补充。P 石化作为石化产品分销商和供应链服务商，在采购端其价值主要体现为国外石化企业的主力型分销商和国内石化企业的互补型分销商。

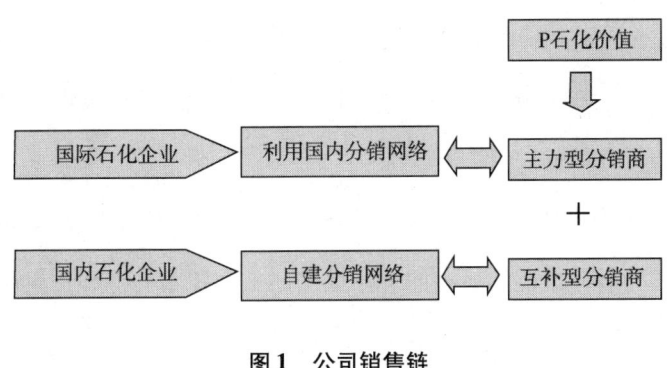

图1　公司销售链

在销售阶段，P 石化的客户主要是国内塑料制品及纺织原料企业，既包括主要从事来料加工或进料加工等业务的加工贸易客户，也包括主要面向国内市场销售的一般贸易客户，目前主要集中在长三角地区。

作为制造型企业，公司的下游客户现金流一般比较紧张，同时为了节约成本，提高其自身的资金利用率，其对供应商的要求较高，既需要供应商及时供货，又需要供应商提供资金、物流、加工、技术和资讯方面的增值服务。及时供货，是要求供应商协助客户进行库存管理，货物送达时间既不能太早，更不能晚；提供资金、物流、加工、技术和资讯方面的增值服务，是要求供应商结合客户的实际情况，提供一定时间的应收账款账期、安排物流配送、提供仓储服务、对原材料进行简单加工、提供技术支持和行业方面的资讯服务。

对于客户的多样化需求，国外石化厂商很难全部满足，由于地理位置的限制，国外石化厂商在了解国内客户的需求上不具有优势，中石化等国内石化厂商也难以完全满足国内客户的需求。主要原因如下：

（1）在销售过程中，供应商一般会要求客户预付货款，对很多下游制造型企业来讲，预付货款比较困难；

（2）由于中石化等上游厂商销售量较大，供应商很难为每一个客户提供物流方面的贴身服务；

（3）国内上游石化厂商一般规模比较庞大，机制比较复杂，管理方面不够灵活，难以为所有的客户提供加工、技术支持和资讯等方面的增值服务。

在这一背景之下，P石化作为上游和下游的"粘结剂"，刚好填补了上游厂商和下游用户之间需求的空白。

P石化总部于浙江省宁波市，在长江三角洲地区、珠江三角洲地区、环渤海三角洲等经济发达地区都设有营销网点，拥有强大的网络优势和人才优势，目前已经和全国七千多家石化产品终端用户保持比较稳定的关系，并且为他们提供上述服务。

公司业务人员通过与客户的沟通，熟悉每一家客户的原材料采购需求、生产流程、产成品市场销售情况，提前向客户提出采购建议，安排采购计划，帮助客户在化工原材料的采购及库存管理方面达到JIT（Just In Time，意即通过生产的计划和控制及库存的管理，追求一种无库存，或库存达到最小的生产系统）的目标。由此，公司对于客户的价值和作用不仅仅体现在为下游客户提供原材料供应方面，还体现在向客户提供物流、加工、资金结算和技术支持等一揽子服务。通过这种贴身服务，客户对公司的依赖性非常大，一旦与公司有过初次合作，便倾向于与公司保持长久的合作关系。而公司一旦熟悉了下游客户的需求，即可预测每月销售量，并以此为基础向上游厂商进行采购。

根据上游供应商的不同地理位置和下游厂家的不同需求特点，公司的采购和分销模式可分为三种，分别为转口贸易模式、进口一般贸易模式以及国内采购一般贸易模式。

转口贸易是指 P 石化向国外供应商采购化工原料，然后以提单（B/L）形式销售给公司的境外子公司科固集团有限公司，再由科固集团将提单及产品销售给国内需要以外汇作为采购货币的客户，该类客户一般为从事加工贸易客户，所以在这种业务模式下公司一般以美元采购商品，以美元销售商品；

进口一般贸易，是指 P 石化向国外供应商采购化工原料后，经过海关报关手续，将产品销售给直接用人民币采购的工业客户，在这种业务模式下公司一般以美元采购商品，以人民币销售商品；

国内采购一般贸易，是指公司向中国石化、中国石油等国内石化厂商采购化工原料，然后再将商品销售给国内一般贸易客户，在这种业务模式下公司一般以人民币采购商品，以人民币销售商品。

公司的主要业务模式通过图表体现如下：

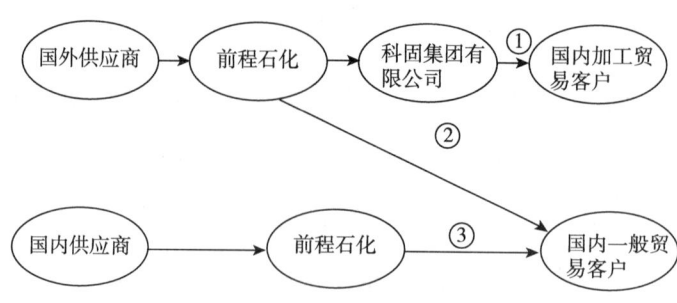

图 2　公司业务模式

（注：①为转口贸易，②为进口一般贸易，③为国内采购一般贸易）

三种贸易模式的流程和收付款方式见表2。

表 2

序号	贸易模式	具体环节	收、付款方式
①	转口贸易	国外供应商→前程石化	远期信用证（含福费庭、假远期）；即期信用证（进口押汇）
		前程石化→科固集团	电汇（T/T）；付款交单（D/P）
		科固集团→国内美金结算客户	远期即期信用证（出口押汇）
②	进口一般贸易	国外供应商→前程石化	远期信用证（含福费庭、假远期）；即期信用证（进口押汇）
		前程石化→国内人民币结算客户	应收账款买断（融信达）
③	国内采购一般贸易	国内供应商→前程石化	按供应商信誉等级安排付款方

1. 转口贸易模式

根据《国际贸易术语解释通则》（Incoterm），转口贸易是指商品生产国与商品消费国因某种原因不能直接进行商品买卖，需通过第三国进行商品的买卖活动。第三国不仅是中介人的身份，而且也是货主，也要通过此类交易获取利润。对于公司来说，境外石化产品供应商如马来西亚石油、伊朗石化等公司在国内缺少销售网络，需要有强大的石化产品分销商协助其在国内进行销售，而境内的一般客户因为业务量较小则很难从这些厂家手中进口货物。这些国内客户一般从事加工贸易，从境外保税进口全部或部分原辅材料、包装物料，待在境内加工或者装配后，再将制成品复出口。这类企业在进口采购过程中只能以外币作为支付货币，而 P 石化作为内资企业，受到外汇管制的限制，无法以美元销售商品，所以公司设立境外平台——科固集团有限公司，由此从事加工贸易的国内客户通过科固集团从公司采购原材料。转口贸易货物流及现金流情况如图 3 所示。

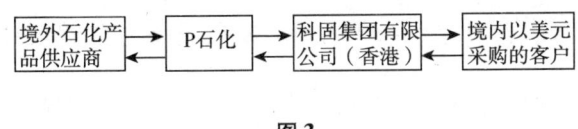

图 3

2. 进口一般贸易模式

进口一般贸易是指公司为了满足从事国内贸易的下游生产厂商的需要，从海外供应商处采购原料，再销售给国内客户。在进口一般贸易的采购阶段，付款结算方式与上述转口贸易的采购阶段相同，主要通过远期信用证的方式。在国内销售阶段，公司一方面将信誉等级较高的客户应收账款账期延长到 3 个月，这样可以给客户带来资金周转方面的便利，有利于他们安排扩大生产，增加采购规模；另一方面，公司和中国出口信用保险公司宁波分公司签订国内贸易信用保险合同，并使用由中国银行股份有限公司提供的无追索权国内融信达业务。在公司进行应收账款买断的业务过程中，首先由中国出口信用保险公司对应收账款客户的信用进行评级，评级合格后，公司可以通过融信达业务从中国银行处先行收回货款，由此应收账款的相关风险和报酬全部转让让给银行，一旦发生坏账损失，银行的损失由中国出口信用保险公司来承担，而保险公司主要从公司的年费和单笔手续费中获利。通过和中国出口信用保险公司签订国内应收账款保险合同，以及和中国银行签订无追索权的融信达服务合同，既可以保证公司及时收回应收账款，加快应收账款周转速度，又可以通过替客户延长应收账款周期，便于客户扩大生产规模，增加公司的销售量。

3. 国内采购一般贸易模式

公司的下游客户作为制造型企业，对供应商比较挑剔，既要求供应商能够及时、适量供货，又要求供应商能够提供资金结算、物流、技术支持等方面的增值服务；而国内的大型石化企业则出于成本和管理方面的考虑，不可能为塑料制品工业用户提供如此贴身服务。公司利用自身优势，弥补了这一空缺。一方面，公司利用银行强大的授信额度优势，可以先将货款预付给国内石化厂商，另一方面，利用公司强大的网络优势，公司可以为石化产品工业用户提供物流、结算、加工等一揽子服务。所以，公司在掌握和汇总下游客户的采购需求之后，集中向中海壳牌、中石化、台塑（宁波）等国内企业进行采购，再销售给从事内贸业务的国内厂家。国内采购一般贸易模式既满足了众多中小型化工制品生产厂家的生产需求，又扩大了大型石化原料企业的销售规模，补充了其直销模式的不足。国内采购过程中，公司通过内部评级标准对供应商予以评级，针对不同的供应商执行不同的付款政策，由于中石化等企业信用级别较高，并且中石化等石化厂商要求采购方预付账款，所以公司一般通过预付款的方式提前支付货款。国内一般贸易销售过程中，公司一般通过中信保和融信达服务，将应收账款及时收回，以提高资金周转率，并且对客户延长账期，为他们提供资金周转方面的便利。

五、行业竞争情况

公司的竞争对手主要有两类：一类是从事与P公司相同商业模式的企业——供应链管理服务的企业，目前模式完全吻合的只有怡亚通一家竞争对手。受到物流与供应链管理行业本身特点的限制，从事现代物流或者供应链管理必须以某种产品为载体，产品越专一，就越有助于企业在该领域做大做强。怡亚通将自己定位在通用产品供应链管理服务业，但其主要收入还是来自于提供 IT 产品和医疗设备两类产品的供应链服务。怡亚通供应链服务产品与本企业的供应链管理服务产品没有重合之处，但是不排除它将来进入石化产品专业供应链管理服务业，从而在一定程度上他们与本公司构成竞争关系。

公司的另外一类竞争对手是从事相同经营产品的企业——石化产品贸易企业。目前我国化工品贸易业务是一个全面开放、市场化程度很高的市场，除了少部分涉及制毒、剧毒化学品需要特别经营许可程序外，没有特别的进入门槛，所以从事石化产品贸易的公司数量较多，在一定程度上与公司构成竞争关系。但这些企业总体上讲都是偏传统的石化贸易商，与公司有着本质的区别，这些贸易商只是单纯的寻求利差，不能提供供应链管理增值服务，另外，它们具有高度的投机性，当他们发现一种产品不赚钱就有可能转而经营别的产品，而不考虑客户的需求。这些企业贸易规模比较大的有浙江物产化工集团有限公司、北京四联创业化工有限公司、厦门建发股份有限公司、厦门国贸集团股份有限公司、厦门象屿集团有限公司等等。

六、公司竞争优势

P 石化的竞争优势主要体现在以下几个方面：

1. 灵活的经营机制

公司具有清晰、开放的股本结构和多层组织架构，实行所有权和经营权分离和适度授权分权制度；公司具有明确的职责界定与责权利体系，以共享公司成长作为分配机制的基础；公司管理透明化、规范化、流程化、制度化，并充分体现以人为本的经营理念，有利于吸引人才和留住人才。

2. 强大的网络优势

公司以长三角地区为中心，于北京、山东、广东设立子公司，并在宁波、上海、青岛、厦门、广州等 13 个沿海城市设有物流网点，销售网络辐射华东、华南和华北区域。通过多年的贸易合作，公司已能全面把握下游客户对石化原料的需求状况，并以此为客户提供石化原料产品方面的供应链服务，具体包括为客户制定采购计划、物流方案以及提供资金结算、信息和技术支持等增值服务，有效地维持与客户的良好合作关系。目前公司拥有华东区域最优秀的营销网络，是华东地区石化产品销售的龙头企业。

3. 稳定的货源保障

公司依靠丰富的业内经验，以及良好的企业信誉，与马来西亚石油、Basell、LG、SK、大林、现代、三星、三菱、住友化学、台塑、Sabic、伊朗石化等跨国公司建立了战略性的合作关系，拥有多系列产品的中国区独家代理经营权；同时公司还是国内中石化、中石油、中海油等巨型石化企业的长期一级经销商。这些供应商经济实力雄厚、信誉优良，与其保持良好的关系，为公司货源渠道的通畅提供保障。

4. 广泛而坚实的客户基础

公司现拥有 5000 多家优质客户，并与其中的 4000 多家客户保持着长期稳定的贸易合作关系。

5. 年轻、专业的员工团队

通过多年运营，公司培养了不少业务骨干，凝聚了华东区最为优秀的塑胶国际贸易团队。其中，业务经营部门中高分子材料和化学专业占50%，营销类专业占30%；业务支持部门中，国际贸易专业占50%，法律专业占12%，计算机软件专业占16%；同时公司拥有从工艺聚合到加工制造的专业人才，以及来自国内外知名石化公司的高端人才。公司所处行业为现代服务业，拥有高素质的员工队伍是公司得以快速、健康发展的首要保障。

6. 良好的银行信用和高额授信额度

目前银行共给予了28亿元的授信额度，高额的银行授信额度有效地减缓了公司来自流动资金的压力，使公司的分销以及供应链经营活动得以高效运作。

7. 丰富的贸易经验

公司大部分业务骨干拥有多年的化工品贸易行业的从业经验，具备了在国际贸易渠道、国内分销网络、信誉以及客户服务经验等方面的综合竞争优势，能为客户更好地提供增值服务。

8. 灵活的产品组合

公司的经营范围包括塑胶原料、天然橡胶、天然乳胶、纺织原料等多种产品的批发与零售，主要从事塑胶原料和纺织原料的分销与供应链服务。公司经营的化工原料包括PP、PE、ABS、PTA、MEG、PET、乳胶等多种产品，通过这些组合满足客户在原材料方面的各种需求。

9. 有效的内部控制制度

公司所从事的业务特点决定公司的业务结算量巨大，从而资金结算过程中的外部风险和内部风险都比较大。公司通过完善的内部控制制度，有效地控制住了这些风险。业务过程中的外部风险主要是指应收和预付账款风险。针对应收账款和预付账款风险，公司有一套全面的信用评估体系，通过公司专门的合同专员对供应商和客户的基本资料、经营业绩和历史信用等情况进行调查，公司再做出应收和预付账款的决定，同时公司还配有专门的法律专员和律师顾问对应收和预付账款情况进行事后监督。内部风险主要是资金结算过程中内部管理和人员操作的风险，公司针对这种风险也有严格的规定。任何一笔合同都需要经过业务人员商务部管理部财务部四个部门审核。而且上述流程中各岗位的审批人必须根据授权批准的规定，在授权范围内进行审批，任何组织和个人都不得超越授权做出决定。通过公司严格的内部控制制度，公司所有应收账款的账期都在 3 个月以内，而且从来没有发生过因为内部人员操作不当而产生的损失。完善有效的内控制度是公司的巨大优势，也是公司持续成长的基石。

七、公司募集资金投向

根据 P 石化发展战略规划，目前 P 石化正在筹备 A 股上市，已于 2008 年初完成了改制工作，并于 2008 年 9 月进入上市辅导期。公司上市所募集的资金计划用于物流及制造项目。

物流项目主要包括仓储、运输、装卸和包装、物流信息四大板块。其中，仓储板块计划以华北、华东、华南三大区域，以及天津港、青岛港、上海港、宁波港、广州港五大港口布局为重点，建设或长期租用仓储设施，提高服务能力，并通过一些增值服务，扩大盈利范围；运输板块计划通过不断整合的运输资源，扩大服务地区范围，整合重点以三大区域五大港口布局为核心，不断集中在三大区域五大港口周边的运输资源，实现重要地区的全覆盖，提升服务效率；装卸和包括板块计划扩大增值服务，围绕三大区域五大港口布局的中心建立分包线，进行原料或产成品的简单分包与加工，进行延伸服务；物流信息板块计划通过信息化建设与上下游客户建立紧密联系，达到物流服务效率最大化的效果。制造项目主要为塑料改性，未来亦可能延伸至塑料制品的外包生产。

八、项目前期调研要点

10月下旬与11月初我们两次前往宁波P石化公司，与公司董事长、业务副总、投融资副总、财务副总、董秘等进行了沟通，并查阅了公司改制文件、券商底稿、公司档案等相关文档资料，要点如下：

（1）P石化公司于2005年由浙江P投资及部分自然人共同成立，注册资本3000万元，股东26位，后经过几次增资和股权转让将注册资本扩大到6820万元，并将20多个自然人股东的股权转给和美投资公司。2007年10月底公司开始改制，改制为股份公司后，注册资本1亿元，股东为三个公司法人。

（2）公司大部分商品是自己先买断，再分销出去。但买断的商品是在最低价的基础上再打一定的折扣，这个折扣相当于是体现供应链管理增值服务的服务费。业务形式上看供应链管理模式与传统贸易模式兼而有之。

（3）公司业务中70%的货物在购买的时候已经确定了下家，是一一对应关系，因此，70%商品不受价格波动影响。货物平均周转期限是10天左右。

（4）公司应收账款50%集中在3～5天，30%在一个月以内，超过5天的应收账款一般转让给银行。首先由中国出口信用保险公司对应收账款客户的信用进行评级，评级合格后，公司可以通过融信达业务从中国银行处先行收回货款，由此应收账款的相关风险和报酬全部转让给银行，一旦发生坏账损失，银行的损失由中国出口信用保险公司来承担，而保险公司主要从公司的年费和单笔手续费中获利。

（5）在化工原料分销行业，公司在华东地区是规模最大的企业，平均毛利达到5%～6%，高于行业平均2%～3%的水平（如中化国际）。宁波地区排名第二的浙江远大四部与公司业务相近，但规模只有公司一半，据称，从商业模式上看，从事化工原料供应链管理的只有P石化公司。

（6）公司今年收入预计有90亿元，净利2.2亿元～2.3亿元，未来几年利润会以30%～50%的速度增长，但收入达到250～300亿元后将会达到一个瓶颈阶段。

（7）此次募集资金主要用于仓储物流基地的建设，准备投资宁波保税区的一处80亩的地块，以解决公司轻资产问题，并为上市作铺垫。未来将会在三大区域五大港口重点布局物流基地。

（8）公司准备明年1～2季度报材料，券商为广发证券、律所为国浩杭州所、会计师为立信杭州所。公司2007年10月份改制，广发于2008年8月份开始进入辅导。

（9）此次私募，公司大股东对投资人承诺，若两年内没有成功上市，前三大股东以每年6%的利率将投资者的投资本金回购。公司计划在11月份完成私募计划，目前正式接触与沟通的投资商还有深圳创新投、海通开元。

（10）通过与管理层访谈，总体感觉管理层比较务实、有战略，能做到今天这样的地步不容易。

九、投资收益分析

此次计划增发 800 万股，占增资后总股本的 7.4%，每股定价 14 元左右（价格未最终确定），拟募集 1.2 亿元资金。公司截止到 2009 年 9 月份净利润为 2.1 亿元，预计全年净利润为 2.2 ~ 2.3 亿元，以 2009 年全年的业绩计算进入成本约为 7 倍多 PE。公司近几年业绩保持在 50% 以上的增长，如果明年业绩增长有保证，以 30% 增长率计算，那么我们进入 PE 将会在明年降低至 5 倍左右，在后年降低为 4 倍左右，如果公司明年上市，我们后年退出，作为先进的供应链管理行业，即使保守的给予 30 倍 PE 估值（目前行业唯一的上市公司怡亚通 002183 为 75 倍 PE），那么上市退出后我们将会产生比较高的投资收益。

十、风险因素

随着企业规模的扩大及上下游客户的进一步扩充，公司管理运营管理能力能否跟上，对众多客户的贴身服务能否跟上。

十一、投资建议

目前有数家投资者表示了投资意向，P 石化公司拟确定四家作为投资人，鉴于尽职调查情况及投资分析情况，建议我公司投资。

（此文案完成于 2010 年）

D公司风污染治理项目投资立项报告
(摘录版)

　　"百里风区"，随着铁路大提速和沿海高速铁路和高速公路的不断增长，由于大风影响造成的行车安全问题日趋严重，道路风障市场发展潜力巨大。按道路风障工程造价每延长米约为3000元计算，双向实施后，每公里的工程造价约为600万元，百公里的工程造价约为6亿元，道路风障的市场容量最低为300亿元。

　　目前公司已与铁道部沟通，产品正在做检测性实验，一旦打入铁道建设市场，其利润增长将是爆发性的，这为公司未来的发展注入了充分的想象空间。

一、要 点

第一，风是自然界最复杂的动力来源，风动力形成的荷载，会对诸多产业形成污染和危害。如企业和港口的散料堆场在堆存过程中由于风的作用，会形成大量扬尘污染，不仅污染环境，同时造成大量的物料流失；又如公路、铁路的横风超过一定风速时，会对行车安全造成重大影响。

近年来，国家环保总局对污染严重的区域和企业采取强制措施，并联合多个部门对污染严重和环保未达标企业实施停止银行贷款、不予新项目审批、罚款和关停等多方面处罚。公司的主要客户如火力发电厂、港口码头、钢铁厂、煤矿、焦化厂、洗煤厂、煤炭集运站等90%以上被各省市环保部门列为环保强制治理，限期达标对象，散料堆场扬尘污染治理要求实施挡风抑尘墙工程。未来7~8年，超过5000个企业需建设扬尘治理设施，总投资超过1000亿元。

第二，D公司风污染解决方案基于挡风抑尘墙技术，利用空气动力学原理解决了能源、矿业、码头行业散料堆场的扬尘污染治理难题，有效抑尘同时节省物料流失。通过D公司技术治理的风污染项目已超过80个，遍及国内24个省市，D公司技术已成为中国扬尘治理的事实行业标准；D公司风危害治理技术在全球范围处于独创地位，在铁路、公路、电力、海上工程、航空、体育等领域拥有广泛市场。

第三，D公司计划融资3000万元支持公司业务高速发展和研发基地及核心生产基地的建设。

第四，作为 A 省少数符合创业板标准的高科技企业，D 公司已获得省政府全力支持，被列入政府创业板上市后备企业资源库，目标在创业板或中小企业板上市。

二、投资分析与立项建议

（一）公司简介

山西 D 公司环境工程科技发展有限公司（以下简称公司）是国内首家专业从事风污染和风危害治理的高科技企业，致力于风污染、风危害技术和产品的研发、生产及销售。公司成立于 1998 年，注册资本人民币 1000 万元，是一家以民营资本为主体的有限责任公司。D 公司自 2004 年正式进入风污染治理市场，主要业务分为两类，一类是挡风抑尘板研发设计与销售，另一类是挡风墙项目整体承包，是国内挡风抑尘墙最大的销售商和工程承包商。公司拥有"抑风墙"、"挡尘墙"、"道路风障"、"体育运动场风障"四项自主知识产权，技术研发水平及产能规模已居国内外领先水平。

（二）主营业务

公司的主营业务为风污染治理和风危害治理，目前在该行业处于市场主导地位，市场占有率40%以上。公司主营产品分为两个系列，其一为基础产品系列，主要包括以下几种风污染和风危害治理产品。

表1

序号	产品名称	知识产权	用途	应用行业
1	抑风墙	自主，国家专利	露天散料堆场的扬尘污染和治理	电厂、煤矿、洗煤厂、钢厂、焦化厂、港口码头等
2	挡尘墙	自主，国家专利		
3	道路风障海上平台风障	自主，国家专利	风危害治理	铁路，道路，石油
4	空冷平台	正在申报	电厂风冷平台	火电厂

第二个系列主要是后续技术服务产品：包括风力发电厂后期风场评估，风危害数据测试与计算验证，风治理技术方案提供。

（三）财务状况

公司近两年的财务数据如下：

表2 单位：万元

财务数据	2007	2008	增长率
总资产	2081	5290	154%
净资产	1058	2919	176%
营业收入	5129	12540	144%
净利润	58	1860	3123%

（四）投资价值分析

1. 新兴行业，未来市场空间巨大

风污染和风危害的治理是近两三年刚刚兴起的市场，随着我国对环保的重视程度不断提高，特别是近两年相关强制性环保政策的出台，未来十至十五年，这一领域将有较大的发展空间。

（1）目前我国共有火电厂 2600 多家，其中实施了全封闭煤仓和抑尘墙工程的，仅有 10% 左右，到 2020 年，火电厂的发电量为 3 亿 kW/h，需耗原煤约 14 亿吨，当年全国原煤预计产量 20 亿—22 亿吨，占原煤产量的 64%~70%，是目前主要的抑风墙市场。

（2）目前全国有煤矿 26000 多家，其中大中型煤矿占 10%。煤矿的储煤场均为露天堆放，且 95% 的煤场目前未采用任何治理扬尘污染措施，抑风墙的市场规模约为 300 多亿元，是目前第二大抑风墙市场。

（3）目前我国现有港口 1467 个，其中海港 165 个，江河港 1302 个。随着港口生产能力的不断提高，环保问题成为"十一五"各煤炭、粮食、铁矿石、化工物料码头建设、生产重点解决的问题。"十一五"期间，各港口每年将安排专项资金用于港口防尘体系建设，重点加强除尘系统、挡风等方面的配置与改造。抑风墙的市场规模约为 300 多亿元，是目前第三大抑风墙市场。

（4）目前全国共有洗煤厂 1000 多家，钢铁厂大概有 340 多家，焦化厂 1000 多家，电解铝企业达到了 150 多家，水泥厂 4800 多家……，这些企业的煤堆场、料场全部存在扬尘污染问题，抑风墙的市场规模约为 300 多亿元。

风危害治理产品和技术目前主要应用在公路、铁路、电力、体育运动、航空等多个领域。每年因风危害造成的经济损失达数十亿元。由于缺乏相关的技术和产品，目前市场属于空白。随着风危害治理的系列新产品的开发，应用广度和深度更大，并将稳定保持 100% 以上的年增长率。

随着各省市环保限期达标，上述多数企业已被所在地环保部门列入限期治理范围。抑风墙、挡尘墙项目每年以几何倍数增长，呈现高速发展的势头，已形成了超过 1000 亿元的巨大的市场规模。

2. 中国环保政策已从传统污染末端治理转向清洁生产和前端治理，这一强制政策导向将驱动风污染治理行业长远发展

清洁生产与传统的末端治理最大不同在于对环保理念的认识，以往考虑污染对环境的影响时，注意力集中于污染物产生之后如何处理，以减小对环境的危害，是一种末端治理的理念。清洁生产则是要求把污染消除在污染物产生之前，从源头削减污染，提高资源利用效率，这正是挡风抑尘产品设计的核心理念。

随着近两年《中华人民共和国清洁生产促进法》、《中华人民环境影响评价法》先后实施，清洁生产进入全面实施阶段。要求项目在规划中就必须完成环评，按照清洁生产理念对生产全过程进行评估。国家环保部 2008 年已通过的煤炭、钢铁、铁矿石等清洁生产标准中，明确提出必须使用挡风抑尘环保设备。这一政策的强制推行，将为风污染治理行业的发展提供了强有力的政策支撑。

3. 公司具有先发优势，目前占据市场龙头地位

D 公司从 2004 年起正式进入风污染治理行业，彻底改变了从前末端治理的思路，从风污染和风危害的源头出发，利用空气动力学的原理，治理风污染和风危害。几年来，公司运用轻资产运营战略模式，坚持研发投入，坚持快鱼吃慢鱼的成长思路，迅速抢占市场，迅速树立品牌，经过几年的快速成长，目前已成为行业的领头羊，占据了市场 40% 以上的份额，业务扩展到 26 个省市自治区。

风治理需要国家环保工程领域的各项专业设计与施工资质。D 公司

拥有国家环保部门颁发的环境产品设计资格证书、环保产品资格证书、建设部颁发的工程设计及建设证书，以及环保产品国际质量认证等一系列资格，新的竞争对手获取上述资格需要 3 年以上的行业经历。

公司承担的大中型挡风墙工程项目占全国同类挡风墙工程的 40% 以上；电厂煤场挡风抑尘墙项目占全国电厂挡风墙工程 50% 以上；重点客户：六大电力集团（国电、大唐、华能、华电、中电投、国华）、国家电网、铁道部、大型码头等。D 公司目前在同行业中处于龙头地位，遥遥领先于其他企业。

在风污染行业，国内从事该项目的企业多为中小型环保公司，既无自主知识产权，业务主导技术，大多数为仿冒产品，并且它们都是区域性的，有的只是在做副业。目前排在前三位：山西 D 公司、山西翔宇、南京雷蒙；排在后面的几家公司加起来实力及规模与 D 公司仍有差距。风危害治理方面，目前，公司正在和铁道部门合作，开发风危害治理领域的新产品。一旦开发成功，公司将完全主导该市场领域。国内外目前尚无其他专业治理公司，公司现处于技术绝对领先，无竞争对手状态。

表3 主要竞争对手

公司	特征	优势	劣势
山西翔宇	玻璃钢产品	生产工艺精湛	销售主要在山西，无金属产品
南京雷蒙	多种环保业务		非专业挡风墙生产企业

公司	特征	优势	劣势
河南远鹏	网架结构挡风墙	完备生产基地	市场在内蒙古，由于事故，已放弃其品牌
山西青山	多种墙体产品	隔音墙，挡风墙	专业性低

4. 具有技术领先优势

风是自然界最复杂的动力荷载，对风的治理需要大量的数据收集与积累和理论设计、实验室模拟实验等活动，新进入行业者很难短期完成技术积累。自 2005 年起，D 公司即与有关科研院所、北京大学合作，以积累的实际工程数据为基础，利用研究机构的大型计算机构建模拟模型，对挡风抑尘墙产品设计进行优化，以此标准化产品体系，逐步提高产品的性价比和质量。风治理是新兴行业，国家原无标准，D 公司在标准制定方面具有绝对优势。公司通过与各行业设计部门相互协助，免费提供标准数据给设计部门，将设计理念和标准融入设计方案中。目前 D 公司已向相关部门申报相关设计规范，以此形成行业标准，在获得批准后，公司的设计水平是同行业企业无法比拟的。

2008 年，凭借在风污染领域的研发成果，D 公司顺利通过国家级高新企业的重新认定，并享受 15% 的优惠所得税率；2008 年，D 公司研究团队通过 3 年多的研发，开发出一系列风危害治理产品，包括道路风障、火电风冷平台风障等，相关产品填补市场空白，迅速获得客户的重视，上述产品将在 2009 年进入实施阶段。

5. 道路风障——未来新的利润增
长点

中国铁路通车里程达到 7.5 万公
里，仅次于通车里程 27 万公里和 10
多万公里的美国、俄罗斯。国际金融
危机爆发以来，我国投资 4 万亿元进
行基础设施建设，其中铁路和公路占
很大比例，2009 年多条铁路开工
建设。

公路和铁路通过的隧道、风口、高架桥、跨海大桥等多风地带众
多，仅兰新铁路就有著名的"百里风区"，随着铁路大提速和沿海高速
铁路和高速公路的不断增长，由于大风影响造成的行车安全问题日趋严
重，道路风障市场发展潜力巨大。按道路风障工程造价每延长米约为
3000 元计算，双向实施后，每公里的工程造价约为 600 万，百公里的
工程造价约为 6 亿元，道路风障的市场容量最低为 300 亿元。

目前公司已与铁道部沟通，产品正在做检测性实验，一旦打入铁道
建设市场，其利润增长将是爆发性的，这为公司未来的发展注入了充分
的想象空间。

（五）下一步工作安排

首先，建议对该项目内部立项。

其次，确定前置框架条款：

一是以 2009 年业绩的 8 倍 PE 定价，对 2009 年业绩设置对赌条款，
如达不到承诺业绩，则按进入的 PE 倍数重新调整我方股权比例；

二是尽职调查聘请会计事务所进行，若确定投资，费用由 D 公司承担，若投资不成功，费用由双方共担。

三是尽职调查后如有投资意向，在尽职调查基础上正式商务谈判。

（此文完成于 2010 年）

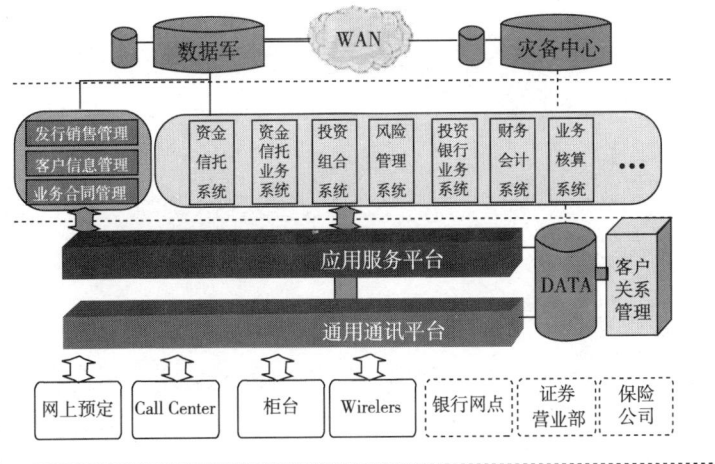

某重组项目信托投资方案

       W集团管理层对信托投资人的承诺与保证。包含两部分内容：一是收益率的保证，如实际收益低于约定值，应将自身分红补偿信托投资人；二是投资退出保证，如到期信托投资不能实现分红退出（分红金额不能覆盖投资收益和本金），也不能实现转让，则管理层必须按约定的收益率回购信托投资人的股权。

一、W集团概况

W集团有限公司地处安徽省，现为国有独资企业，员工8200人。主要从事生化、制药及配套贸易及工程。截至2010年10月审计结果：W集团合并总资产24.14亿元（母公司总资产13.85亿元），经评估后净资产为5.36亿元。最近三个会计年度累计实现净利润6.21亿元。

集团核心资产：国家工程研究中心、W上市公司9000多万股，STW（上市公司）5000万股，W生物（拟报创业版）、W生活、W物流等，不动产1.2亿元（账面原值）。

二、项目实施背景

根据国办2002-48号文、省2006-16号文精神，W集团准备实施高管持股和民营化改造，其中33%为管理层持股（其中一半为奖励，一半为优惠折价）。集团作价按5.8856亿元计。有关政府批文已下达。实行股权激励后的股权结构为：

高管持股1.9425亿，占总股本的33.01%

国资3.1931亿，54.占总股本的25%

员工持股0.75亿，占总股本的12.74%

为了增强集团实力，扩大非国有经济成分，决定增资2亿股（元）引入新的投资人。引进战略投资人后的股权结构如下：

总股本从原5.8856亿增加到7.8856亿元；

高管持股 1.9425 亿，占总股本的 24.63%；

国资 3.1931 亿，占总股本的 40.49%；

员工持股 0.75 亿，占总股本的 9.51%；

新投资人 A 1.0 亿，占总股本的 12.68%；

新投资人 B 1.0 亿，占总股本的 12.68%。

三、信托方案

W 集团改制拟引入两家战略投资人，分别出资 1 亿元，一家由集团物色并落实。另一家考虑采取信托公司投资的方式，由信托公司投资的 1 亿股（元），设计为优先劣后结构。由于 1 亿投资是以信托公司名义投资的，拥有合法的股东权益，不存在因信息不对称等方面带来的风险，可以切实维护委托人的合法权益。

（一）出资比例

以某信托公司为名义投资人，出资 1 亿元，占 W 集团股权的 12.68%。其中，私募基金 A 出资 2500 万元，私募基金 B 出资 2500 万元，合计 5000 万元作为劣后受益人。另募集 5000 万元，作为优先受益人。

（二）结构安排

5000 万为优先投资，期限 1～3 年。整个投资期由 W 高管方回购的时间确定，对优先投资人这块资金，相应安排一个 1～3 年的变动期间，对应的投资回报分别暂设为 7%、9%、12%，优先分配收益，投资期结束后优先回收本金。超出部分均为劣后投资人的收益。

（三）信托投资退出安排

一是集团每年的分红，二是转让给其他投资人，三是管理层回购股份。

（四）劣后投资人收益预期

W 高管持股公司承诺信托投资人的整体年收益率不低于 15%，如信托整体分红收益或转让收益低于年 15%，W 高管持股公司需要补足或按年化 15% 收益回购信托股份，扣除优先受益人的收益后，劣后受益人 A 与劣后受益人 B 按 1：2 进行分配；

如信托整体分红收益或转让收益高于年化 15%，则超过 15% 的部分由 W 高管持股公司与劣后受益人 A 及劣后受益人 B 按 2：3：5 的比例分配剩余收益，15% 收益以内的部分依然在扣除优先收益人后由劣后受益人 A 与劣后受益人 B 按 1：2 进行分配。

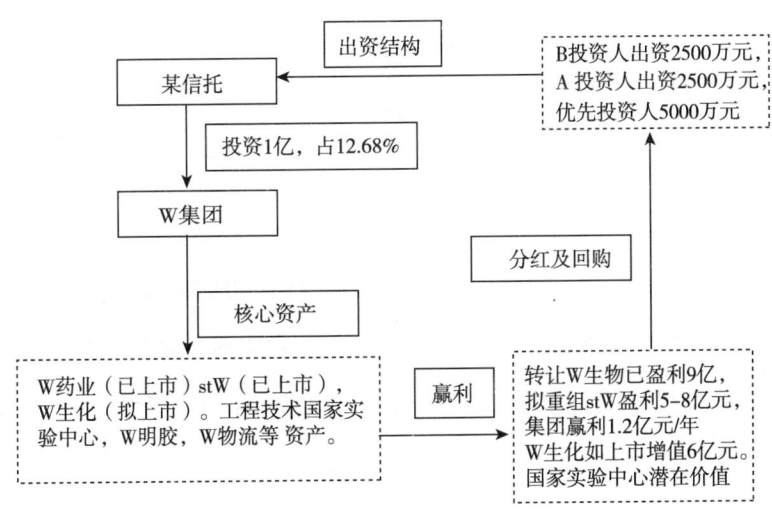

信托方案示意图

285

（五）收益分配步骤为

（1）首先按照预期收益率（例如一年结束按7%/年，二年结束按9%，三年结束按12%）向优先受益人分配收益；

（2）余下部分收益再向A类受益人分配，最后向B类受益人分配，如有超额部分，则按上述第4条规则在高管持股公司、A类受益人及B类受益人之间分配。

（六）本金回收步骤为

（1）在3年的投资期内，按优先、次级A、次级B的出资比例各自收回本金；

（2）3年投资期结束，则首先向优先受益人偿还本金，直至优先受益人全部回收本金后，才向次级A类受益人偿还本金，次级B类受益人最后收回本金。

四、风险分析

（一）资产估值风险

W集团的资产估值（作价）为5.8856亿元，比较实，且有一定的贴水，资产有一定的增值空间。比如，控股的两个上市公司的股权按现在的市场价为8.4亿元，超出评估值44%。集团的不动产基本是按原值计算的，远低于实际价值。W生物上市可能性很大，IPO增值空间巨大。工程技术国家实验中心的无形资产未作评估，这方面有较强的技术研发历史和水平（已投入3.5亿元，在国内乃至国际上都有一定的领先性），战略前景非常看好。

因此，整个集团的作价有低估的因素，蕴涵较大的增值空间。综合评估，我们认为集团的估值风险不大。

（二）运营风险

以信托名义投资一亿元，投资的收益来源分为三部分，一是 stW 的重组与套现，预计可获益 5 ~ 8 亿，相应的分红为 6340 ~ 10144 万元，按 2 年投资期平均计算的收益率为 31.7% ~ 50%；二是集团正常的盈利分红，预计 2010 年盈利 1.2 亿元（不考虑 stWB 重组获益），相应分红为 1521 万元，年收益率为 15.2%；三是 W 管理层持股的股权分红用来补贴信托公司的投资收益和回购信托公司所持股权。

因此，信托公司投资收益的来源主要依靠"stW"的重组套现，这是本项目的最大风险所在，而"stW"能否重组成功，重组后的价格多少，都具有一定的不确定性。

（三）退出风险

对优先投资人而言，劣后投资人的资金（与优先投资人的出资比为 1：1）劣后分配收益、最后收回本金，风险补偿是比较充分的。

如果集团经营不佳，而资本运作又不顺利，对劣后投资人而言，承担了较大的收益风险和退出风险

（四）其他风险

W 集团的改制获得了省、市政府的批准，资产评估是独立第三方作出的。因此不存在法律风险。

管理层回购股权，取得企业的相对控股地位，在法律上没有限制，但是否为国资方面认可，尚待了解并需进行法律评估。

五、风险控制措施

（1）进行充分的尽职调查，以核实 W 集团的评估价值的真实性和合理性。从目前进行的初步调研情况看，评估值对投资人是有利的；

（2）咨询券商，对"stW"的重组成功以及套现获利的可能性进行充分评估，这是本项目能否取得预期效果的关键因素；

（3）W 集团管理层对信托投资人的承诺与保证。包含两部分内容，一是收益率的保证，如实际收益低于约定值，应将自身分红补偿信托投资人。二是投资退出保证，如到期信托投资不能实现分红退出（分红金额不能覆盖投资收益和本金），也不能实现转让，则管理层必须按约定的收益率回购信托投资人的股权。

（4）商务条款的保障。为了保证信托投资的退出，在一系列商务文件中应规定：①管理层以所持股份对信托进行承诺或质押。②在章程中规定分红政策（分红比例、优先分配权等）。③信托投资人直接参与上市公司的重组进程，以促进重组的成功。④签订双向"对赌条款"，给予管理层激励机制，促使管理层争取更大投资收益，同时让管理层持股股东保障信托投资人的最低收益。

（此文完成于 2011 年）

场外市场与私募股权投资退出摘要

　　本文着重论述了私募股权投资退出与场外市场是相互促进、相辅相成的关系，规范统一有序的场外市场为私募投资退出提供了广阔舞台，私募投资退出的顺畅又为场外市场注入了流动性活力，进而提出了关于发展场外市场，拓展私募股权投资退出的政策建议。目前私募股权投资已由前几年的高峰期转入了调整期，IPO退出难度加大是重要原因之一，因此，当前形势下加强场外市场建设对于私募股权投资退出具有必要性与重要的现实意义。

摘要：

场外市场是沪深证券交易市场的有益补充，是建立多层次资本市场体系中的重要一极，由于其相对较低的进入门槛，它在中小企业直接融资体系及企业资产要素流动中扮演着极为重要的角色，而私募股权投资基金则是场外市场的重要交易主体。本文着重论述了私募股权投资退出与场外市场是相互促进、相辅相成的关系，规范统一有序的场外市场为私募投资退出提供了广阔舞台，私募投资退出的顺畅又为场外市场注入了流动性活力，进而提出了关于发展场外市场，拓展私募股权投资退出的政策建议。目前私募股权投资已由前几年的高峰期转入了调整期，IPO 退出难度加大是重要原因之一，因此，当前形势下加强场外市场建设对于私募股权投资退出具有必要性与重要的现实意义。

关键词：场外市场；私募投资退出；多层次资本市场

一、场外市场建设的意义与现状

（一）场外市场现状

场外市场是相对于由证券交易所构成的场内交易市场而言的，一般意义上讲，场外市场主要指除了证券交易所以外的股权交易市场。在我国，场外市场就是指沪深证券交易所以外的股权交易市场，例如，全国中小企业股份转让系统（新三板）、区域柜台股权交易市场（如天津股权交易所）、各地区域性的产权交易市场等。

经过 20 多年的发展，目前我国的场外交易市场主要由三个层次市场构成，代办股份转让系统（三板和新三板）、地方股权交易市场和各地的产权交易所，这三个层次的交易市场至今仍未形成统一监管的全国性的场外交易市场。其中新三板的设立，以及新三板扩容的初衷是以建立统一的全国性的场外交易市场为目标的，目前已初具雏形，扩容到北京、上海、天津、武汉等地，预计不久将扩容至全国。

（二）场外市场建设的意义

场外市场建设是构建多层次资本市场的需要，一个多层次的资本市场体系应该包括主板市场、二板市场以及场外交易市场、地方市场。多层次的资本市场就意味着个市场体系之间要存在着不同的职能分工、功能定位，只有多层次的资本市场才能适应市场中具有不同投资偏好投资者的投资需求，也只有多层次资本市场才能适应经济体系中千差万别、不同层次的不同阶段与规模的大量中小企业的融资需求。多层次的资本市场，内在逻辑上存在着对接贯通与递进的关系。这些市场互相结合、互相联系，因此形成了一个有机的、统一的多层次的资本市场体系，从而更好更有效的服务于微观经济主体，为推动企业直接融资提供了不可或缺的重要平台。因此，建设与健全场外交易市场，是构建与完善多层次资本市场体系的必然要求，是多层次资本市场体系中的重要一极。

场外市场有助于中小企业直接融资渠道的扩展，中小企业融资难问题一直困扰着企业的发展，目前融资结构中 90% 以上来源于间接融资，融资结构的单一是制约中小企业发展的主要问题，场外市场建设为中小企业融资与股权流转提供了新的渠道。场外市场是交易所场内市场的有益的补充，毕竟沪深证券交易所上市要求比较高，对企业的业绩、公司治理、信息披露等方面有着较严高的要求，如果大量的中小企业都通过上市去融资是不现实的，只有通过建设多层次的直接融资市场体系，特别是门槛不是很高的场外交易市场，才能满足大量的中小企业特别是科技型创新企业的直接融资需求，改善他们的融资环境，为其自主创新、技术研发投入提供资本支持。

二、私募股权投资退出现状

私募股权投资是指通过向社会定向募集获得资金，对非上市企业进行权益性投资，通过控制或管理使其价值增值，并通过上市（IPO）、股权转让、并购、被投资企业回购股权或者管理层回购等方式作为退出机制，出售所持有的股权而获利的一种投资方式。近年来其作为资本市场的一个重要组成部分，以其鲜明的特色和灵活的机制，在金融市场上发展迅猛，目前已成为企业一种重要的直接融资手段。

我国私募股权投资起步较晚，但发展速度很快，特别是自国内股权分置改革完成以来，私募股权投资在国内方兴未艾，在 2011 年左右到达了顶峰，由于国内外宏观环境及 IPO 自去年下半年暂停以来，私募股权投资这两年进入了调整及缓慢复苏期间。在私募股权投资活跃高峰期的 2011 年，据清科研究中心发布的 2011 年中国私募股权投资市场数据统计显示，当年一共有 235 支可投资于中国大陆地区的私募股权投资基金完成募集，为 2010 年的 2.87 倍，共计募集金额 388.58 亿美元，同比上涨了 40.7%；2011 年中国私募股权投资市场发生的投资交易 695起，其中披露金额的 643 起案例共计投资 275.97 亿美元。

一直以来，私募股权投资退出通道主要依赖 IPO 市场，以高峰期的 2011 年为例：清科数据显示，2011 年中国私募股权投资市场中共计发生退出案例有 150 笔，其中，以 IPO 方式退出的共有 135 笔；并购退出 7 笔，较 2010 年的 2 笔上涨 250.0%；股权转让退出 5 笔，与 2010 年水平持平；较上年有所突破的是，2011 年发生管理层回购方式退出 1 笔及其他方式退出 2 笔。自 2012 年下半年国内 IPO 暂停以来，私募股权的退出成为影响私募股权投资行业的一个大问题，根据清科研究中心数据：2013 年上半年，中国私募股权市场中的退出活跃度受境内 IPO 空窗影响较去年有较大降幅，共发生退出案例 35 笔，涉及企业 31 家。从退出方式来看，并购退出占据主要地位，35 笔退出中包括并购退出 14 笔，境外 IPO 退出 6 笔，股权转让退出 6 笔，管理层收购和回购各 4 笔，其中境外 IPO 的上市地点为香港主板与纽约证券交易所。

投资退出是私募股权领域最核心的环节，是衡量投资效益投资质量以及维系私募投资基金持续运作的最终砝码，私募投资退出是否顺畅也决定着中小企业直接融资体系的活跃度问题。因此，私募股权投资退出是关乎其发展与中国直接融资体系的一个重大的问题。长期以来，私募股权投资退出主要瞄准 IPO 市场，但 IPO 受资本市场行情及宏观政策等外在因素影响较大，特别是去年下半年以来，IPO 退出基本陷于停滞状态。除了上市退出，私募投资通常还有并购退出、股权转让及回购退出，但这些退出方式由于国内政策法律及场外市场体系建设的不完善，总体上还处于初步发展阶段。

三、场外市场与私募投资退出的关系及相互作用

场外市场建设与私募投资退出有着相互促进、相辅相成的作用。

首先，建设完善的场外市场体系，有利于规范私募投资的发展，丰富私募投资的退出渠道，解决私募投资长期以来退出通道狭窄的问题。私募投资退出长期以来高度依赖上市，目前拟上市排队企业超过 700 余家，即使 IPO 重启也需要几年时间消化这些存量，如果私募投资项目都以 IPO 为退出目标，光这些年私募基金所投资的上万家存量项目就需要排队好几十年才能消化，专门依赖这种模式退出是不可想象的。因此，建立多层次的资本市场体系，特别是加强场外市场体系建设，对于分流拟上市项目，拓展私募投资的退出通道具有很强的现实意义。场外市场尽管在进入门槛、信息披露等指标上要低于沪深证券交易市场，这样可以有效分流拟上市项目，成为私募投资较容易退出的一个主战场，但场外市场依然是一个公开公平公正的透明交易体系，私募投资基金与企业在其体系中都是一个理性选择与合规交易的过程，这对于规范私募股权投资的退出，使退出交易在合理合规中有序流动。

其次，场外市场为私募股权投资退出提供了价值评估与指引，为进一步多样性的退出提供了基础；同时，私募投资以场外市场作为退出通道，有利于场外市场资产定价机制的形成与完善，他们的作用是相互的。私募股权投资的退出必然涉及到一个核心问题即价值估值的基础问题，价值的评估需要市场来检验，场外市场体系就是一个比较高效的估值平台，在这个平台上，企业股权的众多供求主体在这个市场体系中博

弈，最终借助这个市场平台达到一个双方满意的估值，为私募股权投资的退出确定了价值基准与投资回报，同时，这个价值基准也成为未上市企业估值的一个风向标，为标的股权将来可能的并购、管理层或公司回购提供了估值参考，为私募投资基金进一步多样化的退出（如并购或回购）提供了定价依据。

反过来，私募投资以场外市场为退出目标，促进了资产定价机制的形成与完善。私募投资基金投资的目的就是为了退出，当然是期望有价值增值的退出，因而，私募投资者本身在场外市场中就是一个价值的交易商，众多的私募投资人参与其中与进行询价、报价，这些专业的机构投资人，理性的判断与交易促进了场外市场资产定价机制的形成，而一个具有资产定价机制的场外市场才能最终成为交易市场，才能具有进一步繁荣与发展的潜能。由于私募股权投资基金都是专业投资人，它们投资进入的企业在其专业指导下，公司治理结构一般更加优化，主业更加突出，运作更加规范，这类企业在场外市场挂牌更有利于其自身的价值评估，从而进一步高效的推动了场外市场资产定价机制的形成与完善。

再次，私募股权投资以场外市场作为退出通道，有利于增加场外市场的机构投资力量，活跃场外市场交易度，提高资产流动性，从而促进场外市场繁荣发展。场外市场相对于证券交易市场而言，很大的一个不足就是资产流动性问题，沪深证券市场由于有着较高的进入门槛，集中了质量最优的标的企业，有着巨量的交易参入者，包括众多的机构投资人与社会公众，其交易活跃度与资产流动性是最高的。场外市场是多层次资本市场体系中的一极，是沪深证券市场的有益补充，它虽不能达到证券交易市场的活跃度，但一个市场交易体系毕竟也需要一个流动性，没有一定的流动性也就支撑不起一个市场，更谈不上发展壮大。而众多的私募投资机构选择以场外市场作为退出通道，则会有利于增加活跃的交易力量，提高资产的流动性。私募投资人是专业的投资机构，其专业判断与交易行为在场外市场中也是一种示范效应，产生的影响不可估量，可带动更多机构投资人及社会公众参与其中，有效的提高交易流动性与活跃度。

四、大力建设与完善场外市场，开辟私募投资退出新的主战场的政策建议

由上面分析场外市场与私募投资退出的相互作用关系可知，目前阶段下，抓紧建设与完善场外市场正当其时，具有时代必要性与可行性，特别是对于推动多层次资本市场建设，开辟私募投资退出新的主战场具有历史性意义。

首先，场外市场也要建设多层次有序的市场体系，目前国内的场外市场组成主要包括新三板（全国中小企业股份转让系统）、各地股权交易所、地方产权交易所。这几个场外市场定位比较模糊，功能相互交叉较大，同质化比较严重。例如，各地的产权交易所，可挂牌的既可以是企业股权，也可以是土地、房产之类的产权标的，企业股权在这三个体系都可以挂牌，具体进入门槛、指标没有拉开档次，没有比较明晰的层次归属。场外市场不能建成一个没有层次区分大一统的混乱市场，场外市场的挂牌主体是大量中小企业，这些中小企业发展阶段、规模，公司

治理、财务状态等都千差万别，场外市场需要有个多层次的体系与它们对接。

从企业股权交易的性质来看，场外市场建设可以形成从产权交易所、股交所到新三板由低到高的阶梯体系，新三板作为场外市场中较高层次的市场体系，在企业挂牌进入门槛、投资者交易规则方面可进一步细化，制定标准应该是低于证券市场，但同时又要高于其他场外市场，努力将新三板打造成我国的纳斯达克市场；股交所市场体系可打造成如美国OTCBB版块，标准略低于新三板，使之具有一定的进入门槛并维持一定的交投量；产权交易所覆盖面更广泛，包括了有限责任公司与股份公司，为达不到新三板与股交所条件的小微企业提供交易平台，这样中小企业根据自身的情况可以有从低到高多层次的市场体系选择，从而场外市场能更好更广泛的为大量千差万别的中小企业服务。我们知道，私募股权投资的商业模式就是投资，管理增值，然后投资退出，由低级到高级多层次的场外市场本身就是对企业估值的不同平台体系，私募投资的核心环节是退出，在不同层次的市场体系退出，也就意味着私募投资实现不同的价值增值，丰富了私募股权投资多层次退出通道。

其次，场外各层次市场需要分别建设一个统一全国市场。目前各地的柜台交易、产权交易所相互割裂、分散，并不统一。新三板近年发展较快，但还只是覆盖部分区域，包括北京中关村、天津滨海新区、上海张江高科、武汉东湖高新区等四个区域，预计不久将扩容至全国。没有一个统一的全国市场，就会造成信息不对称，资源不能有效配置，资本要素不能充分高效流动，当然私募投资机构的退出交易也会受到很大的限制。新三板作为证监会隶属下的交易市场可以做到全国性的统一市场，而股交所与产权交易所目前主要隶属于各地方政府，从而在行政上有一定的割裂，这需要从国家层面主导，将他们分别联网纳入一个统一的报价交易系统，并接受统一的第三方主管部门的监督，当然主管部门并不一定需要在行政上与其有隶属关系，比如可以设立股权产权交易协会类似的机构进行第三方监督与指导，但不参与具体业务运作管理。

再次，场外市场要尽快制定有利于私募投资机构参与交易与退出的机制规则。与场内证券市场相比场外市场要求交易参与对象有更专业的投资判断能力和承担风险能力，是一个更为专业的交易市场，其对社会公众参与的门槛较高，在这方面与证券市场有很大不同。因此，场外市场交易的主力军应是专业的机构投资者与产业资本，要活跃场外市场，就需要调动私募投资等机构投资者的积极性，这需要进一步从进入门槛、发行机制、交易规则、交易方式等方面细化制定有利于私募投资参与交易的政策。比如，场外市场可以同时设立更多更灵活的交易方式，包括竞价系统、协议转让、做市商制度等都可以用在场外市场，私募机构投资者同时也可以申请充当做市商，较大限度的提高交投活跃度。另外，给予场外市场更为灵活的挂牌机制，企业进入场外市场既可选择存量股份挂牌也可在条件允许情况下采取增量融资挂牌。

最后，场外市场要建设有多层次梯度对接机制，同时，从场外市场要有通道过渡到场内证券市场，从而打破场内场外长期以来相互隔绝的状态，最终将整个市场体系联系统一起来了。

场外市场从低到高多层次体系需要有一个对接转换机制，这样让挂牌企业根据自身发展状态有一个逐步提升的平台。私募股权投资机构本身也有不同的投资诉求，有的关注早期阶段的企业，有的关注中期的，还有的关注后期的，这样不同诉求的私募投资机构在不同的市场体系中都能更方便的筛选各自的投资目标，同时，更为关键的是，通过投资培育，私募投资又在不同层次市场体系的对接转换中实现价值的增值与投资的退出。

当前场外市场建设的一个重点是要加快新三板建设步伐，进一步完善有关制度细则，尽快覆盖全国市场。新三板作为场外市场比较高层次的板块，也是私募股权投资基金参与度最为活跃的一个场外市场，新三板要在制度设计层面更具前瞻性，更具灵活性。近年来推出的三板允许非上市公众公司挂牌规则，这就是一种很好的创新，为市场交投的活跃度及资产流动性注入了实质性的驱动力。未来新三板需要在进入门槛、发行机制、交易规则等方面进一步细化，还需要有独立完善的交易系统。另外，如前文所述，场外市场需要有与场内市场打通对接转板的渠道，而这个通道只能放在场外市场的最高层次——新三板中，新三板要尽快研究出台转板机制与细则，这样，就能最终把场外市场与场内市场有机统一起来。

把新三板建成中国版的纳斯达克，既能为沪深证券交易市场分流压力，又能在场外市场形成一个较高活跃度与流动性的统一的市场体系，为私募投资提供另一个较通畅的退出渠道，从而为大量中小企业提供了除沪深交易所这类稀缺资源外的直接融资的有效场外平台。同时，新三板的转板机制又最终把场内外市场统一起来，从而形成了由低到高多层次推进、进而最终对场内场外进行全覆盖的市场体系，而这个完善的市场体系对私募投资的多层次全方位的退出也提供了广阔舞台。

（此文完成于2013年方志国、吴逸凡）